광야에서 가나안으로

광야에서 가나안으로

엮은이 | CTS 역사편찬위원회
펴낸이 | 원성삼
표지디자인 | 한영애
펴낸곳 | 예영커뮤니케이션
초판 1쇄 발행 | 2023년 2월 28일
등록일 | 1992년 3월 1일 제2-1349호
주소 | 03128 서울시 종로구 대학로3길 29, 313호(연지동, 한국교회100주년기념관)
전화 | (02) 766-8931
팩스 | (02) 766-8934
이메일 | jeyoung@chol.com
ISBN 979-11-89887-62-9 (03230)

값 12,000원

모든 인간은 하나님의 형상을 닮은 존귀한 존재입니다. 사람은 인종, 민족, 피
부색, 문화, 언어에 관계없이 모두 다 존귀합니다. 예영커뮤니케이션은 이러한
정신에 근거해 모든 인간이 존귀한 삶을 사는 데 필요한 지식과 문화를 예수 그리스도의
사랑으로 보급함으로써 우리가 속한 사회에 기여하고자 합니다.

광야에서 가나안으로

- 진실 보전과 유산 계승을 위하여 -

CTS 역사편찬위원회

예영 CTS

김장환 목사
극동방송 이사장
수원중앙침례교회 원로목사

한국 교회의 영상 선교 역사의 기록물

영상 선교를 선도하고 있는 CTS가 어느덧 창사 28주년을 맞게 된 것을 시청자의 한 사람으로 축하드립니다.

특별히 감사한 것은 감경철 회장님의 배려로 제 설교가 방송에 나가고 있는데 은혜받았다는 분들의 전화를 종종 받고 있습니다.

CTS는 지난 28년간 크리스천은 물론 일반인들에게까지 많은 사랑을 받았고, 한국 교회의 부흥과 발전을 위해서도 큰 일을 감당해 왔습니다.

이번에 이와 같은 일들이 고스란히 담긴 역사서 『광야에서 가나안으로』라는 책을 발간하게 된 것을 기쁘게 생각합니다.

CTS 역사편찬위원회의 수고에 박수를 보내드리며, 이 책이 CTS의 역사를 넘어 한국 교회의 영상 선교 역사를 알 수 있는 귀한 책이 될 것이라 믿습니다. 감사합니다.

박종순 목사
충신교회 원로목사

30여 년 전 '한국 교회, 울타리가 필요하다. 그 울타리는 영상 매체인 TV면 좋겠다'는 생각을 하곤 했다. 그런데 그 꿈이 CTS를 통해 실현되었다. 전적으로 하나님의 은혜였고 섭리였다. 28년 긴 세월 CTS는 한국 교회 울타리였고, 버팀목이었고 방파제였다. 거센 도전을 막아내고 지키는 보루였고, 병기였다.

CTS는 위기 극복의 강인한 노하우를 지니고 있다. 대치동과 남산을 거쳐 노량진에 자리하기까지 숱한 풍파를 거쳤지만 거뜬히 이겨냈고 닛시의 깃발을 꽂았다. 그리고 거기에 이르기까지 땀 흘려 일한 CTS 사람들, 그들은 하나님의 일꾼들이고 전사들이다. 어렵고 힘들 때 그들은 기도했고, 밤을 낮 삼았고, 희생의 땀을 마다하지 않았다. 그들 때문에 CTS의 오늘이 존재한다.

우리 시대는 변동과 발전의 템포가 빨라졌다. 거기 비해 교회 문화는 더디고 느리다. 그리고 한눈파는 사이 나락으로 떨어지고 뒤처진다. 이 점을 간파한 CTS가 빠른 걸음으로 미래를 예견하고 준비에 나선 것은 CTS만의 노하우이고 자산이다. CTS는 한국 교회를 넘어 지구촌을 넘나드는 글로벌 TV 채널로 확장되고 있다. 너무 가슴 벅차고 감격스럽다. 오늘의 CTS가 이루어지기까지 하나님의 손이 함께하셨고 한국교회가 함께했다. 그리고 감경철 회장님의 비전과 그 비전호에 탑승한 CTS 가족들의 땀과 눈물에 격려와 감사를 드린다.

『광야에서 가나안으로』, 이 책은 "너희는 옛적 일을 기억하라"(사 46:9)는 말씀을 떠오르게 한다. 이 책은 현장에 있었던 사람들의 현장이야기여서 더 값지다. 아팠던 지난날과 겪었던 일 그리고 다짐들을 한데 묶어 펴낸 책이어서 더 뜻깊고 유의미하다.

뒤로 가는 자동차는 멀리 못간다. CTS는 노량진에서 세계로 뻗어나가야 한다. 그러기 위해서는 구성원들의 비전과 결단이 필요하다. 능히 해내리라 믿는다.

『광야에서 가나안으로』가 회고로 끝나지 않고 대장정의 출발점이 되길 바라며 추천의 글을 쓴다.

감경철 회장님, 수고하셨습니다. CTS 가족 여러분, 고맙습니다.

장차남 목사
온천제일교회 원로목사
제10대 CTS공동대표이사

1995년 12월 1일, KCTS(현재 'CTS기독교TV') 첫 방송 송출을 기점으로 CTS의 역사가 시작되어 어느새 2023년에 이르게 되었습니다. 원래 종교 채널로는 기독교, 천주교, 불교로 분류하여 각 종교당 1개 채널을 신청할 수 있었으므로 개신교단은 86개 주요 교단이 연합하여 '한국기독교 유선TV방송 설립추진위원회'를 구성하여 정부로부터 컨소시엄을 인정받아 42번 채널을 받게 되었습니다. 그리고 이들 교단중 43개 교단이 주주로 참여하였습니다.

이렇게 설립된 CTS는 대치동 시대와 남산 시대가 이른바 광야 시대였습니다. 내 집 한 칸 없이 전세살이하는 불안정한 살림이었으니 말입니다. 설상가상으로 초기의 방만한 운영탓인지 몇해를 버티지 못하고 부도를 만나게 되어 그 수습에 우왕좌왕할 때에 제1대 주주인 대한기독교감리회에서 감경철 장로를 제5대 사장으로 선정하여 2000년 7월 1일에 취임하므로 회생이냐, 파산이냐의 기로에 선 CTS를 회생의 길로 이끄는 길잡이가 되게 했습니다. 그리하여 결국 어려운 재정사태를 수습하고 지하 2층, 지상 13층의 노량진 신사옥을 건축하여 2005년 2월 22일에 감사예배를 드리므로 노량진 시대를 열었으니 가나안 땅에 안착한 감격이었을 것입니다.

그야말로 책 제호대로 '광야에서 가나안으로'의 여정인 것입니다.

특히 CTS 임직원 일부가 회의실에 모여 현장에서 직접 보고 듣고 체험한 이야기들을 나누며 초기부터 지금까지의 기억들을 불러내어 역사의 뼈대를 만들고 글로 남기고자 한 것이어서 더욱 현장감이 돋보입니다.

감 사장님의 부임 이후 2002년 CTS 경남지사가 제1호 지사로 탄생하였고 연하여 주요 지역마다 지사들이 설립되어 전국적인 네트워크를 갖추게 되었습니다. 동시에 세계를 교구로하는 방송을 표명함과 아울러 2001년 1월 3일 인터넷 방송을 시작하였고, 2003년 1월 1일부터 아시아와 호주에 24시간 실시간 위성방송을 시행하였으며 연하여 세계 각 지역에 위성방송을 송출하였습니다. 또 미주에 설립된 CTS 아메리카는 2006년 설립된 이후 활발한 복음방송을 전 미주에 전파해 오고 있습니다.

끝으로 CTS기독교TV가 지금도 시행하고 또 앞으로도 진행해야 할 과제는 다음과 같습니다.

순수복음방송을 위하여 최선의 노력을 다할 것이다.

섬김과 나눔을 위한 다양한 프로그램과 프로젝트를 개발하고 시행할 것이다.

열방에 복음을 전하기 위한 계획 수립과 실행에 최선을 다할 것이다.

시대가 요청하는 문제(저출생, 고령화, 다음세대 등) 해결에 앞장서며,

특히 기독교 문화선교와 해외선교 등을 중심과제로 할 것이다.

임직원을 대표하는 역사편찬위원의 총의에 의한 발의이기에 매우 타당하다고 여기며 이상의 말씀으로 추천사에 갈음하고자 합니다.

이철 감독
기독교대한감리회 감독회장
현 CTS공동대표이사

CTS기독교TV가 한국 기독교의 영상문화를 선도하고, 하나님의 말씀을 전파에 담아낸 지 28년을 넘어섰습니다. 처음에 86개 교단이 참여하여 닻을 올렸고, 그동안 여러 가지 어려움을 맞아 좌초의 위기도 있었지만, 한국 교회와 더불어 기도하며 협력함으로써 극복할 수 있었

음을 감사드립니다. 그동안 한국 교회의 공동문화기관이자 기독교 문화의 창조적 지혜를 드러내며, 우리 사회와 세대의 진정한 문화개혁자 역할을 잘 감당해 왔습니다. 무엇보다 사회와 교회를 연결하는 가교가 되고, 영원한 복음을 이 시대에 조명하는 매체로 자리매김하며, 저출산 문제, 다음세대운동본부 등 사회적 이슈들에 대해서 대안을 제시하며 귀한 역할을 감당하고 있습니다.

노량진에 우뚝 선 CTS 빌딩을 바라보며 광야를 생각하는 것은 어렵습니다. 외형적으로 크게 성장한 모습을 보기 때문입니다. 그러기에 이 책은 더욱 가치가 있습니다. 광야를 지나온 시절을 보며 내면적 성숙을 거듭해 온 이야기를 들을 수 있기 때문입니다. 요즘 대박을 터뜨리는 유투브와 웹툰은 공통점이 있습니다. 그 중심에 모두가 공감하는 이야기가 있다는 것입니다. 모든 사건과 이야기는 시간이 흘러가면서 진실과 거짓의 경계가 모호해지고 하나님의 은혜가 인간의 자랑으로 바뀌기도 합니다. 그러나 이 책은 CTS의 시작이 되신 분들, CTS의 가장 어려운 시절을 견디고 감당하신 분들, 노량진 시대를 여신 분들, 그리고 지금 함께 사역하는 분들이 공감할 수 있는 이야기로 채워져 있기에 은혜와 감사를 느낄 수 있습니다.

이 책의 마지막에는 "우리는 험난한 광야 시대를 거쳐 마침내 도달한 오늘의 가나안 시대를 돌아보았다. 그 역사 속에서 확인된 것은 많은 사람의 인내와 용기, 그리고 헌신이 있었다는 것이다. 또한 CTS를 지켜내야 한다는 신앙적 결단과 사명감이 저변에 있었다."고 적어 놓았습니다. 그렇습니다. 사람이 서로 만나 함께 길을 간다는 것이 가슴 벅찬 일이기도 하지만, 숱한 갈등과 절망의 골짜기를 거쳐야 하는 아픔이

기도 합니다. CTS의 이야기가 계속되어야 하는 이유는 인내, 용기, 헌신, 신앙적 결단, 사명감 같은 오늘날에는 그 빛이 바래지는 가치들이 빛나기 때문입니다. 역사학자 E. H. 카는 "역사는 언제나 다시 쓰는 현대사이다"라는 말을 하였습니다. CTS기독교TV의 오늘의 모습은 저절로 이루어진 것이 아닙니다. '광야에서 가나안으로'라는 제목에서 보듯이 그동안 뿌려진 씨앗의 결과이며, 아름다운 신앙의 유산과 전통입니다. 이제 CTS기독교TV는 이러한 토대 위에 우리 시대의 희망을 기획하고, 한국 교회의 희망을 편집하며 나아가야 할 것입니다.

이번 CTS기독교TV 역사서가 박제된 역사의 나열이 아니라 지금도 계속되고 있는 하나님의 행하심을 드러내는 사도행전이 되길 기대합니다. 이 책이 CTS기독교TV의 임직원들의 손에 들려져 감동과 은혜로 사명을 확인하고, 한국 교회의 모든 성도님들에게 들려져 인간의 심령을 움직이는 도구로서의 CTS기독교TV를 확인할 수 있기를 기대하며 추천합니다.

이성희 목사
연동교회 원로목사
제20대 CTS공동대표이사

역사는 하나님의 이야기입니다. 그래서 영어로 'history'라는 말은 His story 즉 그분, 하나님의 이야기란 뜻입니다. 그래서 하나님을 알지 못하면 온전한 역사를 알지 못합니다. 하나님이 역사의 주인이시기 때문입니다. 성경에는 3천여 명의 이름들이 기록되어 있지만 사람의 역사가 아니라 하나님의 역사이며, 사람의 이야기가 아니라 예수님의 이야기입니다.

역사는 정사와 야사로 나뉩니다. 정사란 사가들이 역사관을 가지고 진실을 기록한 것입니다. 우리나라 왕조에서는 사관들이 실록을 기록해서 지금까지 내려오고 있습니다. 야사란 역사의 뒷이야기들입니다. 그 외에 야담도 있습니다. 야사를 통하여 정사에서 말하지 않는 역사를 알 수도 있습니다. 야담은 역사적 가치는 없지만 정사보다 더 재미있는 내용도 많습니다.

성경도 그렇습니다. 정통 교회는 구약과 신약 66권을 정경이라고 합니다. 그러나 정경 외에도 외경이 있고, 그 외에 위경도 있습니다. 이런 책들은 정경으로서의 가치는 없지만 정경을 이해하는 데 도움을 주기도 합니다. CTS기독교TV도 그동안의 기록된 역사가 있지만 오랫동안 CTS를 위하여 헌신하신 분들의 뒷이야기는 또 다른 CTS의 역사이며 하나님의 이야기입니다. 그래서 이 이야기는 소중한 가치가 있습니다.

사도행전의 원래 이름은 '성령의 행적'이었습니다. 사도행전은 성령께서 하나님의 사도를 통하여 이루신 역사를 기록한 책입니다. 그래서 사도행전은 사람의 이야기 같지만 사람의 이야기가 아니라 하나님의 이야기입니다. 그리고 사도행전은 28장으로 끝나지 않았습니다. 하나님의 이야기와 역사는 끝나지 않고 한국 땅에서 이루어지고 있고 기록되고 있습니다.

그동안 CTS를 위하여 오랫동안 헌신하신 분들은 사도행전 29장을 쓴 분들입니다. 사도들의 행적이 기록된 말씀으로 우리에게 감동을 주듯이 광야 길에서 가나안을 향해 가는 순례자와 같은 이들의 글은 그들의 눈물이며, 하나님의 웃음이었습니다. 그리고 종래 약속의 땅 하나님의 나라로 들어갈 희망의 찬가입니다.

사도행전은 28장 32절, 29장이 없습니다. 그러나 사도행전은 끝나지 않고 수억, 수만의 성도를 통하여 성도행전으로 이어지고 있습니다. CTS는 한국 교회와 함께 가나안을 향해 갑니다. 아직은 끝나지 않은 광야길을 지나 언젠가는 가나안으로 들어갈 것입니다. 『광야에서 가나안으로』는 사도행전 29장이며, 성도행전입니다. 가나안을 향해 가는 한국 교회 성도들 손에 들려지는 하나님의 이야기가 되기를 기대하며 기쁨으로 추천합니다.

장종현 총장
백석대학교

지금까지 순수복음방송 CTS기독교TV가 민족과 세계를 살리는 선교방송으로 발전을 거듭할 수 있도록 인도하여 주신 여호와 하나님께 감사와 영광을 돌립니다. 창사 28주년을 맞이하여 고난과 감사, 은혜와 축복의 희로애락을 담은 역사서 『광야에서 가나안으로』를 출간하시게 된 것을 진심으로 축하드립니다. 이 책을 통하여 하나님의 예정과 섭리, 그리고 영상 선교의 결실이 세상에 널리 알려지는 계기가 되길 바랍니다.

한국 교회를 대표하는 복음방송이 되기까지 CTS의 역사는 결코 순탄치 않았습니다. 한국 교회 모든 교단들이 연합하여 방송선교를 시작했지만 IMF로 인한 국가 경제의 혼란 속에서 많은 어려움을 겪기도 했습니다. 그럼에도 불구하고 하나님께서 주신 선교의 사명을 끝까지 포기하지 않고 오늘에 이른 것은, 오직 말씀과 기도로 경영해 온 감경철 회장님의 영적인 지도력이 있었기에 가능한 일이라고 생각합니다. 하나님의 영광을 위해서라면 불철주야 쉬지 않고 일하며 희생을 감내하신 감 회장님의 수고가 밀알이 되어 이처럼 풍성한 열매를 맺게 된 것을 진심으로 축하드립니다.

감경철 회장님의 뜻과 열정에 따라 부활과 구속의 은총을 전하는 복음방송의 정체성을 지켜오신 모든 임직원들께도 감사를 드립니다. 광야의 여정 가운데 구름기둥과 불기둥으로 함께하신 하나님께서 CTS의 앞날에도 함께 하실 것입니다. 방송선교의 사명으로 헌신해 온 임직원들의 눈물과 기도가 담긴 28년의 고백이 한국 교회와 성도들에게 희망의 메시지가 되길 바랍니다. 하나님만 바라보고 믿음으로 이겨낸 광야의 역사가 한국 교회에 깊은 감동을 주리라 믿습니다.

앞으로 다가올 미래에는 영상 선교를 넘어 우리 사회 전반을 변화시키는 영향력 있는 종합미디어로 성장해 나가길 바랍니다. 다음세대 살리기와 저출생대책국민운동 등 교육과 사회 전 분야에 예수 그리스도의 생명이 넘치는 복음의 문화가 확장되길 기원합니다.

"우리가 알거니와 하나님을 사랑하는 자 곧 그의 뜻대로 부르심을 입은 자들에게는 모든 것이 합력하여 선을 이루느니라"(롬 8:28)는 말씀처럼 감경철 회장님을 중심으로 모든 임직원들이 한마음 한뜻으로 합력하여 한국 교회를 살리고, 우리 민족을 살리고, 나아가 세계를 살리는 복음방송이 되길 진심으로 축복합니다.

　CTS기독교TV의 무궁한 발전을 기원하며 다시 한번 CTS 역사서『광야에서 가나안으로』의 발간을 축하드립니다.

이영훈 목사
여의도순복음교회 담임목사

　하나님의 은혜로 이스라엘 백성이 애굽을 나와 가나안에 이르렀을 때 하나님이 모세를 통해 정탐꾼을 보내도록 하셨습니다. 그런데 각 지파에서 선별된 12명의 정탐꾼은 두 부류로 나뉘어 전혀 상반된 보고를 했습니다. 10명의 정탐꾼은 가나안 땅의 아낙 자손은 거인과 같고 그에 비하면 자신들은 메뚜기와 같기에 그들을 치지 못한다는 부정적인 보고를 했으나, 여호수아와 갈렙은 하나님이 우리와 함께하시니 능히 그들을 이길 수 있다는 긍정적인 보고를 전했습니다. 결국 하나님 앞에서 절대 긍정의 믿음을 보인 여호수아와 갈렙, 그리고 새로운 세대만이 가나안 땅에 들어갈 수 있었습니다.

　CTS기독교TV가 대치동, 남산 시대의 광야를 지나 노량진 시대의 가나안 땅으로 입성하게 된 바탕에는 이 같은 절대 긍정의 믿음이 있은 줄로 압니다. 재정난으로 강제 퇴거를 당하고, 10개월간 임금 체불을 해야 했던 극심한 고난의 길 가운데서도 하나님이 주신 영상 선교의 사명을 결코 포기하지 않고 믿음으로 전진해 나아갔기에 오늘날 기독교 방송을 대표하는 방송국으로 쓰임 받게 된 줄로 믿습니다. 특히,

광야의 시기에 믿음의 결단으로 사장으로 취임하셨던 감경철 회장님의 헌신과 지도력 아래 온 임직원이 하나 되어 전국에 좋은 소식을 전파해 주신 덕분에 1,100만의 그리스도인을 비롯한 수많은 이들이 언제, 어디서나 하나님의 은혜를 체험할 수 있게 되었습니다.

최근 우리 사회는 CTS기독교TV가 경험했던 광야의 시기를 걸어가고 있습니다. 경제 침체로 고통받는 사람이 늘어나고 있고, 각종 혐오로 서로를 비난하는 분열의 시대를 살아가고 있습니다. 모두가 힘든 시기에 CTS기독교TV의 역사가 담긴 『광야에서 가나안으로』를 통해 많은 이들이 새 힘을 얻고 다시금 축복의 날을 향해 힘차게 달려 나가기를 바랍니다. 또한 CTS기독교TV가 앞장서서 우리 사회에 긍정과 감사와 기쁨의 소식을 널리 전해 주시기를 바랍니다. 그리하여 한국 교회와 대한민국이 하나 되어 새로운 부흥의 시대를 열어가게 되기를 간절히 소망합니다.

오정현 목사
사랑의교회 담임목사

숙련된 대장장이가 전하는 생명의 울림

죄의 담으로 막힌 하나님과 인간 사이를 소통할 수 있게 해준 것이 십자가입니다. 하나님이신 예수님이 이 땅에 성육신하신 것은 사람들과 복음으로 소통하기 위해서였습니다. 불통인 이 시대의 동맥경화증을 치료하는 길은 생명의 말씀이 담긴 진정한 소통에 있습니다. 복음으로, 진리로, 예수님으로 함께 나누는 소통으로 숨 막히는 세상에서 사람을 살리는 진정한 숨통이 열리기를 바랍니다.

사람에 대한 연민과 사랑이 먼저였던 예수님의 마음을 전하며 피조물인 사람을 창조주 하나님께 더 가까이 다가올 수 있도록 아름다운 울림의 중심에 CTS가 있음이 감사함입니다. 또한 지난 1995년 기독교계가 연합하여 세운 CTS는 한국 교회의 자부심입니다. 지금까지도 출범 당시의 연합 정신을 이어올 수 있었던 것은 감경철 회장님의 헌신이 있었기에 가능했음을 모두가 잘 알고 있습니다.

CTS의 역사를 일컬어 험난한 광야 시대를 거쳐 마침내 도달한 가나안 시대라고 말합니다. 오늘에 이르기까지 역경을 이긴 승리의 역사가 고스란히 담긴 『광야에서 가나안으로』가 발간된 것에 큰 기쁨이 있습니다. CTS의 주인은 하나님이시듯 이 책을 통해 영광 받으실 분 역시 하나님이시기 때문입니다.

CTS의 임직원 모두는 혼연일체가 되어 현실에 안주하려는 관성의 법칙을 깨고 미래의 시간, 영혼을 품어 세계를 하나님께로 인도하는 일에 헌신해 왔습니다.

CTS는 앞으로 영광스러운 교회 회복을 위하여 강력한 영적 전투력으로 사명을 감당할 것입니다. 지역 공동체뿐 아니라 북한을 포함한 민족 공동체와 열방 공동체를 복음으로 세우는 자리에 앞장설 것입니다. 이기와 분파로 양극화된 우리 사회에 한국 교회가 사람들의 상처를 치유하고 회복시켜 부흥을 이루는 시대적인 대안을 제시할 것입니다.

하나님의 약속은 놀랍고 하나님께서 예비하신 것은 귀합니다. 작은 물줄기가 모여 큰 바다를 이루듯 한국 교회가 세운 CTS를 위해 후원하시고 섬기시는 분들의 가슴 속에 지펴진 불로 달궈진 열정은 이 땅에 큰 부흥의 역사를 이룰 초석이 될 것입니다. 자신의 자리에서 숙련된 대장장이로 헌신하며 역할을 감당해 오신 CTS 가족 모두의 수고에 감사하고 따뜻한 격려를 보냅니다. 하나님의 은혜가 함께하시기를 늘 기도하겠습니다.

김정석 감독
광림교회 담임목사

CTS기독교TV를 이 땅 위에 세워 주시고 오늘까지 인도해 주신 하나님께 감사를 드리며, 창사 28주년을 맞이하기까지 헌신하신 감경철 회장님을 비롯한 모든 임직원 여러분께 하나님의 위로와 크신 축복이 함께 하시기를 바랍니다. 아울러 CTS를 사랑해주시고 후원해 주신 한국 교회와 성도님들이 든든한 버팀목이 되어 주셔서 CTS가 세계를 향한 순수복음방송을 계속할 수 있었다고 생각합니다. 모든 것이 협력하여 선을 이루게 하시는 하나님께 영광을 올려 드립니다.

1995년, CTS가 영상 선교의 첫발을 디뎠을 때, 이처럼 눈부신 성장을 하리라고는 아무도 상상하지 못했을 것입니다. 노량진로에 세워진 CTS멀티미디어센터를 지날 때마다 건물이 곧 메시지며 전도라는 생각을 하게 됩니다. 하지만 눈에 보이는 성장뿐만 아니라, 전파를 통해 세계 곳곳에 전해지는 복음 방송은 가장 효과적인 전도의 도구가 되었습니다. 또한, 예배와 다양한 콘텐츠, 교육 프로그램과 미래를 준비하는 모든 프로젝트는 기독교적 가치와 문화를 창조하고 사회를 정화하는 귀한 선교적 사명을 감당하고 있습니다.

CTS는 하나님께서 한국 교회에 주신 선물입니다. 코로나 팬데믹으로 인해 예배드리기가 어려운 상황 속에서 귀한 역할을 감당했습니다. 성도들이 삶의 자리에서 여러 매체를 통해 하나님의 말씀을 가까이 할 수 있도록 도왔으며, 기독교에 대한 긍정적인 시각을 가질 수 있도록 좋은 소식을 전하는 데 힘썼습니다. 예배와 행사가 있는 자리에 CTS 로고를 달고 달려온 기자들은 희망과 활력을 불러왔습니다.

더 나아가, 서울시청 광장 십자가가 달린 성탄트리와 코리아 부활절 퍼레이드 등 방송을 넘어 문화를 만들어 가는 일, 다음 세대를 위한 프로젝트, 세계 선교를 위한 귀한 일들은 단순히 일이 아닌 사명이었기에 가능한 것이었습니다.

이 많은 일들은 CTS가 미약했던 때부터 사명을 감당해 온 분들이 있기 때문에 가능했습니다. 이들의 이야기를 담아 『광야에서 가나안으로』라는 역사서를 출간하게 된 것은 매우 의미 있는 일이라고 생각합니다.

기독교는 기억의 공동체입니다. 또한 과거를 기억하는 공동체는 장래의 축복을 누리게 됩니다. 이 책을 통해 하나님의 역사와 많은 분의 헌신을 기억하며 하나님이 예비하신 더 큰 비전을 바라보는 뜻깊은 은혜가 있기를 바랍니다.

김태영 목사

한국교회봉사단 대표단장, 백양로교회 담임목사
제23대 CTS공동대표이사

에벤에셀! 여기까지 인도하시고 도우신 성삼위 하나님의 은혜에 감사드립니다.

CTS가 설립된 지 28년이 되었고 세월이 가면서 사람도 떠나가고 기억도 떠나가기 마련인데, 고비고비마다 희로애락을 함께한 현장을 지킨 분들과 CTS를 살리고 부흥시키려고 사방으로 뛰어다닌 분들 그리고 하나님 발 앞에서 스스로 영적 구걸자가 되어 눈물로 간구하신 분들과 고사리 같은 손으로 성금을 내어주고 기꺼이 영상 선교를 위해 후원 헌금을 보내주신 모든 성도님들의 자취를 담아서 CTS 출애굽의 역사서와 같은 『광야에서 가나안으로』를 출간함에 먼저 감사를 드립니다.

코로나 감염병 시대를 3년이나 보내면서 우리는 미디어의 소중함을 더욱 절실히 깨달았으며 "영상 예배"가 없었더라면 수많은 성도들이 실족했을 것을 생각하면 CTS방송이 더 고맙습니다. 한국 교회 초교파 연합으로 출자하여 제1호 기독교TV로 출범시킨 CTS가 얼마 못가서 폐사의 위기까지 몰렸지만 하나님이 예비한 산타처럼 감경철 장로님이 많은 것을 포기하고 '잃으면 잃으리라'는 야곱의 결단으로 CTS에 투신함으로 오늘의 CTS가 있게 된 점에 대해서도 감사드립니다.

곳곳에 역사 박물관이 있는 까닭은 단순히 지나간 옛 추억이나 골동품을 보고자 하는 호기심의 발로가 아니라 '온고지신'(溫故知新)의 의

미가 있기 때문이라고 봅니다. 성경도 "옛날을 기억하라, 역대의 연대를 생각하라. 네 아버지에게 물으라. 그가 네게 설명할 것이요 네 어른들에게 물으라 그들이 네게 말하리로다."(신 32:7)라고 하였습니다. 나는 역사를 배우는 이유는 '같은 실수를 반복하지 않고 올바른 선택을 하기 위해서다'라고 생각합니다.

하나님이 감동을 주셔서 세우신 기업을 통하여 교훈을 얻어 삶의 지평을 넓히시기를 바라며 이 책을 추천합니다.

이승희 목사
반야월교회 담임목사
제22대 CTS공동대표이사

"우리가 시작할 때에 확신한 것을 끝까지 견고히 잡고 있으면 그리스도와 함께 참여한 자가 되리라"(히 3:14)

급변하는 오늘날 사회에서도 복음은 변하지 않는 중요한 한 가지 진리를 담고 있습니다. 그것은 예수님께서 죄와 사망이 가득한 이 땅에 오셔서 십자가를 지심으로 우리를 구원하셨다는 사실입니다. 이것은 변해서도 안 되고 변질되어서도 안 될 것입니다.

고유한 복음의 가치를 담고 새로운 이미지를 통해 복음을 세계 곳곳에 전파하는 일에 오래도록 헌신해 온 CTS기독교TV에서 창사 28주년을 맞아 지금까지의 역사와 과정을 돌아보며 하나님께서 어떻게 기가 막힌 방법과 도움으로 때마다 인도해 주셨는지 그리고 오늘날 노량진 사옥에 이르기까지 있었던 모든 과정과 소회를 『광야에서 가나안으로』라는 한 권의 책으로 담았습니다.

이 책에는 제목에서도 느끼실 수 있는 것처럼 광야 시대를 경험한 CTS의 모든 임직원의 생생한 간증이 기록되어 있고 회사가 부도와 각종 위기로 인해 어려움을 겪을 때마다 탁월한 리더십을 발휘한 감경철 장로님의 일화와 간증이 아주 자세히 적혀 있습니다. 이런 부분들이 이 책을 읽는 이로 하여금 신앙에 있어서 큰 도전과 감동을 줄 것입니다.

확실한 하나님의 비전과 사명을 가지고 귀한 사업을 시작한 CTS기독교TV가 앞으로도 끝까지 하나님의 은혜를 붙잡고 매 순간 하나님의 능력을 힘입어 나아갈 때 저 천국에서의 상급뿐만 아니라 이 세상에서 칭송받는 귀한 공동체가 될 것이라 믿습니다. 앞으로도 CTS기독교TV가 이 어둡고 혼탁한 세상에 하나님의 능력의 복음을 전파하는 귀한 도구로 더욱 귀히 사용되어지길 주님의 이름으로 축복합니다.

신정호 목사
전주동신교회 담임목사
제24대 CTS공동대표이사

순수복음방송 CTS기독교TV 창사 28주년을 축하드립니다. 아울러 영상 선교에 매진해 온 역사의 기록물 『광야에서 가나안으로』를 출간하게 된 것을 매우 기쁘게 생각합니다.

CTS기독교TV는 1995년 첫 방송을 시작한 이후 한국 교회 공교단의 연합으로 뜻깊게 출발하였으나 IMF의 위기 가운데 많은 어려움을 겪어야 했습니다. 마치 '광야'와 같은 시련과 어려움 속에서도 2002년 대치동에서 남산으로, 2004년 남산에서 새로운 약속의 땅. '가나안'과도 같은 노량진 100번지에 이르게 되었습니다. 사옥을 건립하는 중에도 기도의 끈을 놓지 않고 임직원들이 한마음이 되어 보여준 헌신과 2005년 순수복음방송을 천명한 결단과 부단한 노력이 있었음을 우리 모두는 기억하고 있습니다. 이스라엘 민족이 광야 생활을 통해 하나님의 인도를 경험하였듯 영상 선교의 역사서를 통해 CTS기독교TV를 이끌어 오신 하나님의 역사와 이에 기꺼이 동참했던 수많은 이들이 있었음을 새삼 발견하게 되었습니다.

특별히 경영 정상화와 노량진 사옥 건축 등 CTS를 위해 헌신하신 감경철 회장님의 역경과 희생의 기록은 우리가 함께 기억해야 할 귀중한 유산이라 하겠습니다. 또한 저출산과 고령화라는 국가적 위기 앞에 CTS가 펼쳐온 다음세대 사역 또한 한국 교회와 한국 사회의 미래를 위한 사명을 앞서 감당한 귀중한 헌신과 결단이라 확신합니다.

"내가 진실로 너희에게 이르노니 한 알의 밀이 땅에 떨어져 죽지 아니하면 한 알 그대로 있고, 죽으면 많은 열매를 맺느니라"(요 12:24)는 말씀처럼 방송선교와 다음 세대를 위해 한 알의 밀알이 되고자 하는 감경철 회장님과 수많은 방송선교사들의 거룩한 여정을 치하하고 응원합니다.

이제 CTS는 경영과 사업, 클라우드 등 분화된 전문팀들을 통해 영상 선교 사역을 활발하게 수행하며 300여 명의 임직원이 한마음 되어 기독교 문화 확산과 복음 방송을 주도하고 있습니다. 광야에서 가나안으로 향한 이스라엘 민족의 여정을 기억하듯 CTS 방송선교 공동체가 걸어 온 은혜의 여정 또한 한국 교회와 성도들에게 아름답고 소중하게 기억되기를 바라마지 않습니다. 나아가 이번 역사서 출간을 통해 하나님께서 이끌어 경영해 오신 CTS 영상 선교의 역사가 오랜 코로나 팬데믹으로 회복과 새로운 부흥을 갈망하는 한국 교회에도 새로운 감동과 비전을 전해줄 것으로 기대합니다.

하나님과 동행하는 CTS기독교TV에게 허락하신 하나님의 영광스러운 역사가 앞날에도 지속되기를 기도하며 기쁜 마음으로 추천합니다. 감사합니다.

차례

1부 가나안, 소망의 땅으로

2부 다음세대, 미래를 준비하며

3부 광야 시절, 환난과 연단을 지나며

이 책을 닫으며

* 본문에서는 가독성을 위해 반복되는 이름과 직함은 대부분 생략했습니다.

CTS기독교TV의 주인이며, CEO는 하나님입니다. 1995년 탄생한 '한국기독교 유선 TV 방송' KCTS(Korea Christian Television System, 이하 CTS)'는 지금의 'CTS기독교TV'로 이름이 바뀌었습니다. 아브람이 아브라함으로, 야곱이 이스라엘로 바뀐 그것에 비유하는 것은 다소 무리가 있겠지만, 하나님이 CTS를 아끼셨고, 축복하셨고, 지금까지 인도하셨다는 것만은 분명합니다.

현재 CTS에서 일하는 임직원은 공채 1기에서부터 새내기 직원에 이르기까지 다양한 세대가 공존합니다. 장마 때면 빗물받이 그릇들을 스튜디오 안에 늘어놓아야 했던 대치동 세대, 엘리베이터도 없는 명지빌딩 8층과 남산빌딩의 임차 스튜디오를 헉헉대며 오르내렸던 세대, 또 버튼만 누르면 원하는 층으로 쉽게 이동하는 세대가 있습니다. 또 이 모든 것을 거쳐온 세대가 있습니다. 이들 모두가 지금은 노량진 사옥을 분주히 드나들며 자기 일에 열중합니다. 그리고 이따금 창밖으로 한강을 내려다보며 커피 한 잔의 여유를 즐깁니다. 그러나 이 쾌적한 환경이 마련되기까지 어떠한 일이 있었는지는 대부분이 잘 알지 못합니다. 반면에 사실을 왜곡하거나 자기 자랑으로 탈바꿈시켜 이야기하는 사람들도 있습니다.

노량진로 100에 우뚝 선 CTS멀티미디어센터 빌딩, 과연 늘 흐르는 한강처럼 원래부터 그 자리에 있었을까요? 아니면 누군가가 열심히 기도해서 어느 날 하늘에서 뚝 떨어졌을까요? 그 당시 CTS는 부도 상태에 돈 한 푼 없었습니다. 그나마 있는 것이라고는 감경철 장로가 사장으로 오면서 헌금한 50억 원 가운데, 비상금으로 남겨둔 현금 6억 원뿐이었습니다. 또 부지를 경이롭게 입찰했다는 말은 많이 하지만, 71억 3천만 원이나 되는 경매 낙찰금을 어떻게 충당했는지, 건축비를 포함한 제반 비용은 어떻게 해결했는지 궁금하지 않으십니까? 그 모든 세세한 과정을 알게 된다면 하나님의 섭리도 확연히 보일 것입니다. 또 당연하게 여기던 것들에 대해 감사하게 될 것입니다.

어린아이의 코 묻은 돈부터 어르신의 쌈짓돈을 털어 모금에 동참한 한국 교회의 많은 성도, 또 감경철 장로가 CTS에 가기로 결단한 이후부터 줄곧 희생과 헌신을 하지 않을 수 없었던 그의 가족·지인들을 기억하게 될 것입니다. 사옥 건립 이야기는 신화가 아니라 역사적 사실입니다. 또한 역사를 올바로 기록하기 위해서는 영광과 고난 모두를 이야기해야 합니다. 13층의 높은 빌딩은 그 높이만큼이나 그림자가 길게

드리워집니다. 햇빛 받아 반짝이는 양지와 함께 가리어진 음지도 헤아려봐야 하지 않을까요?

　　모든 사건과 이야기는 시간이 지나면 잊혀지고 묻히기 마련입니다. 인간의 기억은 제한적이라 시간이 지날수록 진실과 거짓의 경계가 모호해집니다. 심지어 하나님의 은혜가 인간의 자랑으로 바뀌기도 합니다. 그래서 글로 남겨야 합니다. 글은 마치 바위 위에 남긴 흔적과 같습니다. 그래서 CTS 임직원 일부가 13층 회의실에 모였습니다. 주문한 도시락을 먹으며 10년, 20년, 27년 전의 기억을 소환했습니다. 그 기억을 모아 CTS 역사의 뼈대를 만들고 글로 남기기 위해서였습니다.

　　그동안 CTS는 10년사(2005년), 15년사(2010년), 20년사(2015년), 25년사(2020년)를 발간한 바 있습니다. 그러함에도 또 다른 역사서로 이 책을 만드는 데에는 특별한 목적이 있습니다. 이 책은 1995년 첫 방송을 시작으로 오늘에 이르기까지 현장에서 일해 온 사람들의 증언을 중심으로, 특히 CTS를 광야 시대에서 가나안 시대로 이끈 핵심에 있었던 감경철 회장의 삶과 사역 내용을 담았습니다. 이러한 내용을 우리가 직접 겪고 본 대로 후진들에게 유산으로 남기기 위해서입니다. 또 한국교회가 CTS 역사에 담긴 진실을 보전하게 하기 위함입니다.

　　모두가 추억을 떠올리며 자유롭게 이야기했습니다. CTS에 머문 시간이 오래면 오랠수록 풀어내는 이야기가 길었습니다. 또한 노량진 사옥과 관련하여 감경철 회장이 겪었던 고난을 이야기할 때는, 여전히 안

타까워했습니다. 반면에 숨겨진 에피소드가 등장할 땐 크게 웃음을 터뜨리기도 했습니다. 모두의 이야기 속에 "감경철 장로", "감경철 사장", "감경철 회장"이란 명칭이 자주 등장했습니다. 감경철이라는 한 인물의 인생 후반은 CTS와 늘 함께했기 때문입니다. 그래서 3부 말미에 '감경철 회장에 대한 임직원들의 기억'(171~178쪽)이라는 코너를 마련하였습니다.

각 사람의 부서와 직급이 다르고, 접할 수 있는 정보의 영역이 다르다 보니, 특정 부분에 있어서는 의견이 엇갈리기도 했습니다. 그러나 자료나 증언을 통해 곧 정리가 되었습니다. 개개인의 이야기는 마치 거대한 코끼리를 부분적으로 묘사한 것에 불과할 수 있습니다. 그래도 그것들을 서로 모으고 검증하다 보면 코끼리의 실체에 근접하지 않겠습니까? 이 책 한 권으로 CTS에 대해, 또 감경철 회장에 대해 다 이야기할 수는 없습니다. 그러나 일부 언론이나 특정인들이 흩뿌린 무책임한 이야기 속에서 참인지 거짓인지 판단할 수 있는 다림줄(plumb line) 역할은 할 것입니다.

CTS의 역사는 크게 광야 시대(대치동. 남산 시대), 가나안 시대(노량진 시대), 그리고 내일로 나누어집니다. 광야 시대와 가나안 시대를 구분 짓는 큰 획은 노량진 사옥 건립입니다. 따라서 노량진 사옥 건립 이야기, 감경철 회장과 그 가족에 대한 진실을 빼고는 제대로 된 CTS의 역사를 이야기할 수 없습니다. 물론 이 책은 한 개인의 회고록이 결코 아닙니다.

오늘날의 CTS가 존재하기까지 하나님의 부르심에 순종한 많은 사람이 있습니다. 옥합을 깬 사람들이 있습니다. 가족들의 안락한 삶을 희생시킨 사람들이 있습니다. 눈앞의 현실에 굴복하지 않고 미래를 바라본 사람들이 있습니다. 화평하게 하기 위해 침묵으로 견딘 사람들이 있습니다. 밤과 낮 가리지 않고 눈물로 기도한 사람들이 있습니다. 그리고 한국 교회가 있습니다. 이 모두가 CTS의 주인입니다. 하나님이 이들에게 맡기셨기 때문입니다.

이제 이 책은 다음세대와 CTS의 미래비전과 함께 진행형으로 마무리될 것입니다. CTS의 미래비전은 '다음세대' 운동과 저출생 대책 운동과도 맞물려 있습니다. 이러한 시대적 이슈를 배제한다면 한국 교회도, CTS도 존립할 수 없기 때문입니다. 이 책은 박제된 역사를 단순히 나열한 책이 아닙니다. 투박하고 허술한 면이 있어도 생생한 진실을 담은 책입니다. 진실의 힘으로 CTS는 향후 30년, 60년, 100년을 향해 계속 전진할 것입니다. 앞으로 세대는 계속 바뀌겠지만 하나님의 행하심은 지속될 것입니다.

CTS의 주인이 하나님이시듯, 이 책의 주인공 역시 하나님이십니다. 믿음으로 CTS를 늘 섬겨주실 임직원들과 성도님들께 감사드립니다.

1부 ──

가나안, 소망의 땅으로

1. 남산 이야기

성결회관에서 강제퇴거 후 갈 곳이 마땅치 않았다. 일단 성결회관 근처에 임시 사무실을 마련했다. 그리고 방송 제작을 할 만한 장소를 찾아 나섰다. 그때 찾아낸 곳이 바로 남산빌딩과 명지빌딩이다. 남산빌딩은 전에 KBS한국방송이 있던 곳이다. 이곳에서 왼쪽 아랫길로 내려가면 승용차 두 대가 겨우 지나갈 정도의 좁은 길이 있다. 그 길을 내려가다 보면 붉은색 벽돌 건물이 있는데 바로 명지빌딩이다. 이곳으로 옮겨 방송하게 되면서 '남산 사옥'이니 '남산 시대'니 하는 말들이 생겨났다. 남산 시대는 무엇보다 임직원 모두가 감경철 사장을 선두로 경영 정상화를 위해 전력투구하던 시대다.

남산으로 이사할 때 힘들었던 기억을 나누었다. 2002년 말, 대치동에서 남산으로 이사할 때, 방송 장비를 철거했다. 그것들을 보관할 곳이 마땅치 않아 양재에 있는 온누리교회 창고로 옮겼다. 남산에서의 상황도 열악하기 그지없었다. 임시방편으로 리빙TV 스튜디오를 주 2회 임차해서 사용했다. 리빙TV는 CTS보다 1년 앞서 교통관광TV로 개국한 유선 방송(케이블TV)이었는데 1998년 리빙TV로 이름을 바꾸었다. 방송국에서 일하게 되었다고 꿈에 부풀어 입사한 직원들로서는 실망감이 아주 컸을 것이다.

"카메라에도 국민 음악 리빙TV라고 적혀 있고, 모든 게 열악하고, 그래서 우리가 방송국에서 일하는 게 맞나 하는 생각이 들기도 했습니다."(이제선)

"리빙TV가 스튜디오를 3일 사용하고, 3일은 우리가 사용했어요."

이렇듯 월·화·수 3일은 스튜디오를 임차하여 사용했고, 시스템도 제대로 갖추지 못했다. 장비를 제대로 갖추자면 수십억이 필요하니, 송출대행사에 매월 일정액을 내고 방송을 할 수밖에 없었다. 인력 역시 제대로 갖추지 못했다. 그러다 보니 송출 에러가 많이 발생했고, 그때마다 상사로부터 한소리씩 듣곤 했다. 지금은 디지털시대가 되었으니 사람이 직접 왔다 갔다 할 필요가 없다. 그때에는 비디오테이프를 직접 들고 가서 전달했다. 아날로그 시대를 회상하며 이렇게 말한다.

"그 시절에는 테이프, 베타 테이프라고 이따만한 소니 베타 테이프 있잖아요. 골방 같은 곳에 앉아 테이프를 돌려가며 편집하곤 했죠. 지사에서도 뉴스 같은 거 제작하면 고속버스 택배로 보내왔어요, 지금처럼 전송이 안 되니까."

겨울에 눈이라도 오면 고생이 이만저만이 아니었다. 명동역까지 내려가면서 골목길에서 미끄러지기도 하고 엉덩방아도 찧었다. 그러나 이들에게는 머지않아 노량진 사옥, 내 집으로 간다는 기대와 꿈이 있다. 그때 당시 새내기 직원 한 사람이 이렇게 말한다.

"지금 생각해보니 그때 정말 고생했던 건지 어쨌는지는 잘 모르겠어요. 그저 정신없이 왔다 갔다 하면서 일했던 기억만 있지, 고생한 기억은 별로 없어요."

일반 직원들은 경영에 대한 구체적인 것은 알 수 없었지만, 다음 단계는 행복하리라는 꿈을 품고 있었다. 또한 이렇듯 열악한 상황에서도 예컨대 대구 지하철 화재 참사 성금 모금방송, 태풍 매미 수재의연금 모금방송 등을 통해 섬김과 나눔의 사역을 멈추지 않았다.

한편 감경철 사장은 타고난 기업인의 기지와 실력을 최대한 발휘하여 안팎으로 바쁘게 뛰어다녔다. 밖으로는 다양한 기관이나 업체와 업무제휴를 했고, 안으로는 영상 선교를 위한 전문인력 양성을 위해 방송선교 아카데미를 설립하면서 균형을 유지했다. 이러한 행보는 지금까지도 이어져, 2021년 5월에는 CTS와 한국 교회 주요교단 교육부서가 다음세대 콘텐츠 활성화를 위한 업무 협약식을 진행했다.

스카이라이프 진출 – 말도 많고 탈도 많았지만

• • •

한국디지털위성방송 스카이라이프가 처음 위성 전파를 발사한 것은

2002년 3월 5일이다. 그 당시 총 비디오 채널 74개, 오디오 채널 60개, PPV 10개 채널을 제공했다. 케이블방송에서도 인터넷방송에서도 자리매김을 확고히 한 CTS는 스카이라이프(Skylife: 한국디지털 위성 방송) 진출을 새로운 목표로 정했다. 스카이라이프에 진출한다는 것은 곧 '뉴미디어 시대'로의 진입을 의미했다.

그러나 상황이 녹록지 않았다. 일단 그 당시 스카이라이프에 대한 기대치는 높았으나 실제로 가입자가 많지 않았다. 또 기독교 방송으로 CBS가 이미 진출해 있었다. CBS가 이렇듯 선점하고 보니 CTS로서는 다각적인 노력을 해도 뾰족한 방법이 나오지 않았다. 그 무렵 CBS가 들어가게 된 데에는 CBS 부이사장이었다가 스카이라이프의 초대 이사장이 된 K 목사의 영향력이 크게 작용했다는 말이 공공연하게 돌았다.

그때 스카이라이프의 아무개 본부장이 감경철 사장에게 제안했다. 스카이라이프의 채널 가운데 허접한 것 하나를 인수한 후 장르 전환을 하면 자기들이 CTS를 넣어 주겠다는 것이다. 감경철 사장은 그 말을 곧이곧대로 믿고 따랐다. 그래서 스피드스포츠라는 스포츠 채널을 하나 인수했다. 이 채널을 기독교 장르로 전환하여 CTS에 주려고 생각했다. 그러나 현실은 딴판으로 흘러갔다. 게다가 이 채널에서 경마 관련 방송을 하고 있다는 이유로 진보 언론매체로부터 공격을 받았다.

스포츠 채널을 인수했으니 신규 콘텐츠 제작을 해야 했고, 운영비와 인건비 등 이런저런 비용들이 밑 빠진 독에 물 붓는 식으로 들어갔다. 결국 감경철 사장은 CTS 채널을 확보해 주려다 오히려 개인적으로 엄청난 재정적 손해를 보았을 뿐 아니라 주목적이었던 CTS 채널 마련의 꿈도 깨졌다.

그래서 2005년 5월부터 CTS는 스카이라이프 진출을 위해 한국 교회 1,200만 성도 서명운동을 시행하고, 전 직원 릴레이 금식기도에 돌입했다. 그 와중에 같은 해 8월, 스카이라이프가 모든 종교방송 채널을 100번 대에서 700번대로 일방적으로 바꾸었다 해서, 언론에서 한바탕 소동이 벌어지기도 했다.

이렇듯 크고 작은 돌풍이 지나갔다. 2007년 드디어 CTS에 기회가 왔고, CTS는 2008년 1월 26일 스카이라이프와 방송 채널 사용계약을 했다. CTS가 스카이라이프에 진출함으로써 아우를 수 있는 영역이 넓어졌다. 난시청 지역에 있는 미자립교회나 기독교 단체에 위성 안테나 달아주기 위한 별도의 캠페인도 전개했다.

그 후에 꾸준히 발전에 발전을 거듭하여 다음과 같은 성과를 거두었다.

CTS기독교TV가 스카이라이프 6월 방송 채널 평가에서 총 155개 채널 가운데 종교 부문 1위, 종합 8위를 기록했습니다. 스카이라이프가 발표한 6월 방송 채널 평가에 따르면 CTS기독교TV는 155개 채널 가운데 총점 67.85점을 기록하면서 전체 순위 8위를 차지했습니다. 장르 부분에서도 8개 종교 채널 가운데 장르 평균 58.78점으로 1위를 기록해 가장 높은 A 등급을 받았습니다. CTS기독교TV는 생방송 현장 연결 등 특화된 방송 콘텐츠는 물론 다음세대와 부모 세대를 위한 다양한 콘텐츠를 제작해 방영하고 있습니다. (2020.08.04. 〈CTS 뉴스〉)

스카이라이프 이야기를 하면서 빼놓을 수 없는 다른 사건이 하나 있다. ㈜티브로드 앞에서 CTS가 시위를 벌였던 일이다. 티브로드는 1994년에 설립된 태광산업 계열사인 유선방송업체(케이블 TV 방송, 초고속인터넷 서비스 등을 하다가 2020년 SK브로드밴드와 합병하면서 이름도 바뀌었음)이다. 그 당시 CBS와의 방송 시간 할당을 놓고 갈등이 있었는데 티브로드 측에서 CTS의 이름을 빼겠다고 한 것이다. 이에 항의하기 위해 CTS의 법인 이사들을 포함하여 감경철 사장과 임직원들은 버스 한 대를 빌려 서울시 중구에 있는 태광산업 빌딩 앞으로 몰려갔다. 그리고 CBS에 채널을 따로 주더라도 CTS의 채널을 절대 빼면 안 된다며 대대적인 시위를 벌였다. 현재 새내기 직원들이야 모르겠지만 이때 시위에 참여했던 임직원들은 그 당시 일을 지금도 생생하게 기억할 것이다.

스카이라이프 가입자를 유치하기 위해 각 지사에도 과제를 주던 때의 일이다. 케이블이 들어가지 않는 섬에 무료로 위성 수신기를 달아주고, CTS를 시청하도록 해 주고 3년 치 시청료를 회사에서 대납했다.

감경철 사장은 위성 방송이 꼭 들어가야 한다는 열망이 강했다. 감경철 사장은 위성 방송을 하나의 선교 도구로 보았기 때문이다. 물론 가입자를 어느 정도 유치해야 한다는 스카이라이프의 요구가 직원들에겐 일부 부담으로 작용하기도 했다.

이처럼 CTS는 도심 거주자들이 주로 누리던 영상 콘텐츠를 전국으로 확대하기 위해서 전국 네트워크를 구상했다. 그리고 2003년 9월 경남 창원·마산지역을 시작으로 점차 확대해 나갔다.

2003년 5월 27일 남산 모금방송

2. 노량진 시대를 열다
- CTS멀티미디어센터 -

.

노량진로 100, CTS멀티미디어센터가 우뚝 서 있다. 수많은 사람이 바삐 드나든다. 이 건물이 세워지기 전의 이곳 풍경은 어땠을까? 한강은 여전히 흐르고 있었을 테고…. 노량진 사옥 부지에는 원래 '동아지기'라는 4층 건물이 있었다. 처음에는 이 건물을 리모델링해서 사용할 생각을 했다. 그러나 실사를 한 후 리모델링보다 신축이 낫다는 답을 얻었다.

2002년 CTS멀티미디어센터 기공식이 있기 전에 이곳 대지 912평 위에는 많은 이의 기도의 씨앗이 먼저 뿌려졌다. 그리고 그 믿음은 2005년 준공 감사예배와 더불어 믿음의 표상이 되었다.

공사 현장을 매일 찾아와서 기도하는 이들이 있었다. 이들 가운데에는 지방에서 올라온 이름 없는 목회자도 있는가 하면 휠체어에 몸을 의지해서 힘을 보냈던 이도 있다. 그리고 감경철 사장의 아내인 박양희 권사 역시 빼놓을 수 없다. 이에 힘을 얻은 임직원들은 공사 현장에서 새벽 모임을 하며 기도했다. 이들은 여러 난관에 부딪혀도 절대로 주저앉지 않고, 소망을 잃지 않고, 기도의 끈을 끝까지 놓지 않고, 화평하게 하는 자의 자리를 지켰다. 직원들도 토요일이면 그곳에 모여 기도했다. 그리고 이들의 믿음은 "바라는 것들의 실상이요 보이지 않는 것들의 증거"가 되었다. 아직 완성되지는 않았지만, 계단을 올라가 아래를 내려다보기도 했다. 엘리베이터를 설치될 곳을 보기도 하면서 저마다 기대하게 되었다. 그 사이 노량진 사옥은 기도와 함께 차곡차곡 쌓이며 위로 올라가고 있었다. 노량진로 100에 우뚝 서 있는 CTS 사옥, 이 사옥이야말로 믿음의 표상이다.

사옥 건립 과정에 대해 각 사람이 떠오르는 대로 이야기를 나누었다. 서로 부서가 다르고, 입사 시기도 달랐기 때문에 특정 에피소드에 대해서는 '그랬어? 난 몰랐네.' 하면서 웃음을 터뜨리기도 했다. 누군가는 남산 시대를 경험했는지 안 했는지에 따라 '비포 엘리베이터'와 '애프터 엘리베이터'로 나누는 재치도 보였다. 이따금 이야기가 옆길로 새기도 했다. 그때마다 최현탁(당시 기획관리 실장. 현재 CTS 사장)은 교통정리를 하고 다시 제 궤도를 찾도록 도왔다.

드디어 직원들은 근사한 빌딩으로 출근하기 시작했다. 그러나 노량진의 번듯한 건물에 들어왔지만, 아직 내부 시설은 제대로 갖추어지지 않은 상태였다. 가구들도 기존에 사용하던 것들을 가지고 왔다. 그러나 밖에서 보는 이들의 눈에 비친 직원들의 위상은 바뀐 것이 분명했다. 그야말로 월세로 살다가 번듯한 고층빌딩에 입주했으니 말이다. 이 몇

년이란 과정이 과연 순탄하기만 했을까? 사실 그 당시 사옥을 짓는다는 말을 들은 많은 사람이 뜬구름 잡는 격이라고 생각했다. 감경철 사장이 CTS에 들어오면서 헌금한 50억 원 가운데 6억 원밖에 남아있지 않은 상태였다. 심지어 이사회에서도 사옥건립이 가능하다고 생각하는 이가 거의 없었다.

그래서 대지 매입부터 시작하여 기공, 완공의 과정을 지켜본 사람들의 이야기를 이삭처럼 주워 모아 세 가지 시선으로 나누어 소개한다.

직원들 이야기

● ● ●

"대치동에서 남산으로 온 때가 2002년 말경이고, 남산에서 노량진으로 온 때가 2004년 11월 30일입니다. 그 사이 남산에 있던 방송 장비를 철거하고 양재동 온누리교회 창고에 맡겼던 장비도 다 옮겼어요. 그때 참 힘들었던 기억이 납니다."(박성진)

"저는 기도하던 기억이 나요. 그 당시에 있던 임직원들도 정말 기도 많이 했죠. 저는 박양희 권사님하고 같이 기도했고."(이제선)

"그때 사장님(감경철 사장)이 거기 노량진에는 어떤 시설이 있었으면 좋은지 의견이랑 아이디어를 내놓으라고 했어요. 그래서 우리 직원들이 이것이 있으면 좋겠다. 저것이 있으면 좋겠다. 꿈에 부풀어 말했던 기억이 나요."

"2001년, 제가 입사해서 교육을 받을 때, OJT(on-the-job training:직장 내 교육훈련)하는 장소가 있었어요, 거기에 아크릴로 만든 CTS 사옥이 있었거든요."(김덕원)

"그때 저처럼 입사 2,3년 차의 말단 직원들은 되게 재밌었어요. 뉴스팀이라 해봤자 취재 기자 1명, 카메라 기자 1명, 앵커 한 명, 운전해주시는 분 한 분밖에 없는 상황에서 뉴스를 만들어야 하는 굉장히 열악한 상황이었음에도 되게 재미있었고, 그냥 한마디로 딱 얘기하면 뭔가 좀 희망이 있었어요. 기대도 많았지요, 우리가 곧 가나안에 입성할 거라는 식의 멋진 표현을 쓰면서요."(이제선)

"가장 기억에 남는 것은 지하철에서 내려서 예배에 늦을까 봐 8층 계단(남산 명지빌딩)을 막 뛰어 올라갔던 거예요, 특히 그때에는 직원들이 돌아가면서 설교를 했거든요."

"그때 예배드릴 때 보면 앞에 사옥 도면이 있었어요, 그 도면 보면서 기도드렸고, 내가 서 있는 자리가 어디인지 생각하면 버틸 힘이 생기곤 했어요."

"우리 회사가 부자가 되겠다고 생각했었지요, 그런데 온갖 고난이 있었고, 모금도 목표액에 못 미쳤고, 5개 층만 원가 분양해서 왔어요, 정작 와보니 대치동 임시 건물보다는 낫지만 모두 다닥다닥 붙어 있어야 하는 시기들이 있었습니다. 그리고 여전히 허리띠를 졸라매야만 하

2002년 8월 12일 사옥 기공식

는 상황이었고요."

"그 당시 기도회를 토요일에 했어요. 직원들 입장에서는 평일에 하지 왜 토요일 쉬는 날 하느냐. 어쨌든 토요일 기도회를 하면 여기가(현 노량진 사옥) 이제 막 한층 한층 올라가는 그런 모습이었거든요. 거기에다 같이 모여서 기도하고 계단 한번 이렇게 올라가서 한번 이렇게 쓱 내려다보기도 하고, '야! 여기가 엘리베이터 자리다.'라고 했어요."

"맞아요. 10층 안쪽, 지금 제작팀이 있는 쪽에 다닥다닥 붙어 앉아 있었어요. (그 당시에는 지하 1, 2층과 10, 11, 12층 이렇게 다섯 개 층을 CTS가 소유했다.)"

"사실, 여기 이제 입주하면서 장비를 새롭게 세팅해야 하는데, 돈이 없어서 구매를 못하고 다 리스로 했어요."

"노량진 사옥으로 올 때, 대치동이랑 쓰던 물건 가운데 양재에 보관했던 거 그대로 가지고 왔어요. 그리고 방송 장비 구매를 위해서 저희가 몇 차례 모금했었어요, 이런 장비가 필요하니 사주시라고 하면서, 그런데 모금을 많이 해주셨어요. (2013년 12월, HD 방송을 시작하면서 HD 장비 구입을 위한 모금방송을 했음.)"

"케이블 종교방송으로는 최초로 HD 방송을 시작했어요, 모금방송 끝나고 PD들에게 컴퓨터가 주어진 거예요, 그래서 각자 자기 컴퓨터로 편집을 할 수 있게 되었지요, 사실 남산 시절에는 편집 한 번 하려면 몇 시간을 기다려야 했는데, 이제 언제든 원하는 시간에 독립적으로 편집을 할 수 있는 시스템으로 바뀐 거죠."(최현탁)

"노량진 사옥으로 들어와서 감사하고 좋았는데, 외부의 시기와 질투가 있다 보니 회장님은 여기 오시고부터 너무너무 힘든 상황에 부닥쳤어요, 검찰이니 첨단수사본부니 하면서 피를 말리는 시련을 겪으셨죠, 아마 그때 포기하고 싶은 마음 많이 드셨을 것입니다. 우리가 어려운 일이 생기면 늘 하던 대로 힘 있는 대형교회에 가서 하소연도 해봤지만 별 도움도 안 되고, 그래서 금식기도도 했어요, 그러면 그때마다 하나님이 돌파구를 마련해 주시곤 했어요, 평소보다 더 일찍 출근해서 기도했는데, 이 말을 들으신 회장님은 아침도 못 먹고 올 텐데 빵이랑 우유라도 사 먹으라며 돈을 주셨어요. 그렇게 버티면서 지금까지 온 거예요."(박성진)

감경철 사장의 경영과 비전에 대해 직원들의 의견은 두 가지 해석이 있다. 하나는 원래 경영인의 DNA를 가지고 있고, 스케일이 커서 꿈도 황당하리만큼 크다는 것이다.

"지금이나 그때나 우리 꿈은 콩알만 한데, 우리 회장님의 꿈은 엄청난 거예요."

또 하나는 내부적으로 너무 힘들고 도무지 정상화의 기미가 보이지 않으니 이렇게라도 외연 확장을 하고 거대한 비전을 제시하지 않으면 스스로 지쳐 넘어졌을 수도 있다는 해석이다.

"원대한 꿈을 꾸시는 회장님은 그것을 따라잡지 못하는 우리를 바라봤을 때 안타까우셨을 거예요, 우리를 토닥거릴 때 본인 자신도 지쳐 넘어지실 것 같으니까 이런 비전들을 선포하지 않으셨을까 하는 것이

2005년 7월 9일 10주년 특별방송 〈주여 이 민족에 복음을〉

제 개인적인 생각입니다. 회장님은 우리들의 생각을 넘어 사역의 다양화를 실행하시는 분이니까요."(강명준)

그러나 공통적인 의견은, 감 사장의 원대한 비전은 그의 타고난 경영자 자질에서 나온 것이며, 그 비전을 통해 CTS는 다양한 사역을 펼칠 수 있었다는 것이다.(최현탁)

감경철 회장의 이야기

• • •

남산 사옥의 월 임대료가 수천만 원에 달했다. 바로 이러한 임대료 부담을 언제까지 걸머지고 있을 것인가? 사옥 마련이라는 비전을 품는 데 이보다 더 강력한 동기가 있겠는가? 또한 CTS가 정말 어렵고, 필요로 할 때는 꿈쩍도 안 하던 사람들이 다 이루어진 후에 밥숟갈을 얹으려 드는 것까지는 괜찮은데 격려와 칭찬은커녕 내가 하면 더 잘했을 거라는 식으로 비판만 일삼을 때는 마음이 아프다고 말한다.

"성결회관에서 쫓겨나니 정말 오갈 데가 없었어요. 비는 부슬부슬 오는데, 강제집행으로 짐은 다 주차장에, 길에 내려와 있고, 우선 바로 옆에 임시로 사무실을 얻어 옮겼지요. 사장으로서 내가 할 일은 직원들이 흔들리지 않게 분위기를 다잡는 것이니까. 여기저기 임시로 건물을 임대했고, 급기야 남산까지. 남산은 스튜디오 하나 보고 간 거죠. 이런 과정을 겪으면서 '이건 아니다, 더 이상은 못 견디겠다. 사옥이 시급하니 하나님이 책임져 주십시오.' 하면서 제 수단과 방법을 다 동원하던 차에 사옥 부지를 찾게 된 것입니다."

"그래도 그동안 내가 사업해 오면서 하나님이 많은 연단을 주셨기 때문에 경영 면에서는 다른 사람들보다 경험이 많습니다. 그러한 경험을 토대로 판단해 보니 무엇보다 건물을 하나 지어야겠다고 생각했습니다. 처음에는 우리가 사용할 수 있는 규모로 지으려고 했는데, 마땅한 땅이 없으니까. 나중에야 이 땅(노량진 사옥 부지)을 보게 되었지요. 그런데 부지 자체가 엄청나게 큰 거야. 우리가 쓰고 남은 그것은 분양해서 충당하겠다 생각했는데…."

극적으로 입찰에 성공했지만, 71억 3천만 원이란 돈을 어떻게 마련할 것인가? 사옥 건립 자체를 황당하게 여기던 사람들이 태반이었으니 돈을 낼 리가 없었다. 결국 감경철 사장이 운영하던 개인사업체 임직원, 아내, 자녀, 사위 등이 짐을 지게 되었다.

"그 당시 모 대기업에서는 당연히 자기네가 낙찰할 걸로 생각하고 투시도까지 들고 와서 양보해달라고 한 적도 있습니다. 50억 웃돈을 주겠다고 제안했지만, 이 땅은 하나님이 주신 선물이라 안된다고 딱 잘라서 이야기했습니다."

"지하 2층, 지상 13층인데, 우리는 아트홀 포함해서 다섯 개 층 정도가 필요했기에 나머지는 분양해야 했지요. 그런데 IMF 이후라 분양도 안 되고 금융도 돌아가지 않아요. 그래서 임대로 주고 남은 것을 내가 다 떠안았어요. 임대로 주면 자금이 동원돼야 하거든. 건축비도 줘야 하고. 그런데 CTS는 부도가 나서 은행에 돈 한 푼도 빌릴 입장이 못 되니까, 내가 다 보증을 서야 빌려줬지요."

"CTS 이름으로 다섯 개 층을 해줬어요. 부도난 회사가 갑자기 5개 층을 갖게 된 거지요. 이렇게 해서 일단 안정을 찾아가는데, 잔여층 임대가 안 되고, 분양이 안 되고, 당장은 임대료 들어오는 거랑 금융 비용으로 버티는데 항상 불안했어요. 임대가 싹 빠지고 공실이 나와버리면 엉망이 되는 거지요. 그런데 하나님의 은혜로 그나마 공실이 많지 않아 버틸 수 있었던 겁니다. 이 상태가 십수 년을 이어진 것 같아요."

"이 건물을 짓게끔 도와준 회사는 자기 부채도 아닌데 2백 몇십억 정도 은행 부채 보증을 서 주었죠. 누가 200억 넘는 보증을 서겠어요? 우리가 빚 못 갚고, 건물로 충당을 못하면 그 빚을 다 떠맡게 되는데 말입니다. 교단이고, 교회고, 기독교인들이고 할 것 없이 단 1억 원도 안 빌려줬고, 보증도 안 서줬습니다. 그 모든 걸 저와 저희 가족이 떠안고 견뎌온 거예요."

"그래서 가족이 운영하는 회사가 임대보증금을 다 끌어안고 한 층, 두 층 매입한 것이 50%가 되니 그제야 정상적인 건물이 된 거예요, 그러나 은행 부채는 여전히 남아있으니 갚아 나가고 있었고, 그런데 감사하게도 여기 땅을 샀을 때보다 10배 이상 올랐어요. 이것은 전적으로 하나님의 은혜고, 드러나지 않은 사람들의 희생이지요, 그런데 이런 내막도 모르고 다 자기가 잘해서 그렇다고 말하는 사람들의 말을 건너건

너 들을 때면 참 안타깝지요."

"지금은 내가 이렇게 했기 때문에 오늘날의 CTS가 있다며 자기를 내세우는 사람들이 있습니다. 그때부터 지금까지의 역사를 다 지켜본 사람들은 함부로 그런 말하지 않아요. 우리가 열심히 기도해서 이뤄진 것이라고도 말하는 사람도 있습니다. 정말 애쓰고 기도한 사람들은 오히려 침묵합니다."(감경철)

2005년 2월 22일, 노량진 사옥 입주 기념사에서 감경철 사장은 이렇게 말한다.

"어떤 분은 적금통장을 깨서, 또 어떤 분은 자녀들의 이름으로 헌금을 하면서 CTS가 하나님의 말씀을 선포하는 지성전임을 고백하는 모습에 진심으로 감동했습니다. 그리고 막중한 우리의 사명도 다시 한번

CTS 본사 야경

느낄 수 있었습니다."

그런데 안타깝게도 이틀 후인 2월 24일, 감경철 회장은 그동안의 스트레스가 쌓였던지 출근했을 때, 혈압이 급격히 떨어지면서 상태가 좋지 않았다. 그래서 곧장 서울삼성병원으로 갔다. 그리고 심장 스텐트 시술을 받았다. 그동안 일에만 몰두하느라 아픈 줄도 몰랐다고 한다. 병원에 가서 진료할 때마다 시술하자는 말을 들었지만, 일단 시술을 받으면 조금이라도 쉬어야 한다는 부담감 때문에 비상 상비약만 소지하고 다녔다. 그 정도로 회사일을 위해 시간을 아꼈다. 시술을 잘 마치고 건강을 추스르며 다시금 본연의 업무에 임했다. 그러나 스트레스의 요인들은 줄어들기는커녕 갈수록 늘어났다.

사옥을 건립하는 과정에서 횡령. 배임 고소를 당했기 때문이다. (이 문제에 대해서는 다른 장에서 설명했음.) 앞서 서문에서 말했던 노량진 사옥의 그늘에 감춰진 아픔, 언론의 무책임과 검찰의 공로주의, 사람들의 편견이 빚어낸 아픔이다. 그렇지 않아도 CTS 사옥 건립을 둘러싸고 시기·질투·비난이 있었는데, 드디어 먹잇감이 생긴 것이다. 곧이어 언론은 무책임한 추측성 기사를 쏟아냈고, 검찰은 전면적인 압수수색에 돌입했다. 감경철 회장과 CTS 임직원들에게는 그야말로 날벼락이 떨어진 것이다. 새 건물에서 열심히 일할 기대를 갖고 있던 때에 난데없이, 일보다는 검찰 대응에 시간과 에너지를 쏟게 되었다.

무혐의로 밝혀졌어도 좀처럼 잠잠해지지 않았다. 언론은 여전히 횡령이니 배임이니 원색적인 기사만 펑펑 터뜨렸다. 팩트에는 관심이 없는 듯 사건의 전후좌우, CTS의 특수상황 등에 대해서는 알지도 못했고, 알려고 하지도 않았다. 검찰 역시 뭔가를 터뜨려야 한다는 집요한 공로주의에 사로잡혔던지 이번에는 감경철 회장의 가정과 개인사업으로 공격대상을 바꾸었다.

이 과정에서 아내 박양희 권사는 심신에 큰 충격을 받았다. 여린 여자 혼자 집에 있을 때 검찰 압수수색팀이 들이닥쳤다고 생각해보라. 그동안 하나님의 방송이라는 믿음 하나로 옥합을 깨고, 기도하고, 헌신했는데, 믿음의 친구들마저도 언론보도만 믿고 색안경을 끼고 바라본다고 생각해보라. 이러한 충격과 실망감은 한두 해로 그친 것이 아니었다, 거의 10년이나 지속되었다. 그 결과 박양희 권사는 지금도 그 후유증에 시달리며 이따금 눈물을 흘리며 남편에게 하소연한다.

20여 년 전 박양희 권사는 450억 원의 부채를 안고 문을 닫게 된 CTS를 살리기 위해 남편과 함께 십자가를 지기로 하지 않았던가? 남편이 망설이고 주저할 때, 오히려 하나님을 위한 일이라고 격려하며 수락하게 하지 않았던가? 박양희 권사가 한 일이라곤 가진 것들을 아낌없이 내놓고, 기도한 일밖에 없었는데, 마치 무슨 범죄인이라도 되듯 바라보는 시선이었다. 심지어 교회 안에서도 그러한 시선에서 벗어날 수 없었다. 그 상처가 어찌나 깊었던지 지금은 눈물을 흘리며 이제는 CTS 일은 그만해도 되지 않느냐는 말을 할 때도 종종 있다. 이것은 감경철 회장이 그 누구에게도 속 시원하게 털어놓을 수 없었던 아픔의 하나다. 아내가 자신의 마음을 토로할 때마다 해줄 수 있는 말은 단 한마디뿐이다.

"여보, 하나님이 다 아실 거야. 하나님이 다 갚아주실 거야."

하나님께서 이끄심, 서울 동작구 노량진로 100

• • •

"금요일인가 토요일인가 사옥을 짓자고 그래요. 누구도 도저히 믿기 힘든 일이잖아요? 그 당시에 본인이 50억을 낸 중에 현금 6억 원을 가지고 있었어요. 6억밖에 없는데 이것으로 사옥을 짓자고 하니까 이건 도저히 이해할 수가 없는 일이지요, 이사회를 잘 통과하면 나머지는 자기가 자기 회사 관여해서, 분양해서 충당하는 걸로 하고, 대출을 좀 하고. 그렇게 해서 하자. 사실 저도 반신반의했고, 그다음에 이사회에 내놨을 때 당시 CTS의 현실에 부합될 수 없다는 견해도 있었지만 감경철 사장의 의지가 너무나 강경함에 결국 이 문제를 사장에게 전권을 주기로 결의합니다. 그 후 감경철 사장은 차를 타고 이동 중에 우연히 경매 일보를 봤어요. 그때 이 건물이 땅이 900평쯤 되는 게 경매에 나온 걸 본 거예요. 그때 가격이 내 기억으로는 (몇 번의 유찰이 있었기에) 72억으로 최하로 떨어져 있었어요, 낙찰받은 게 71억 3천만 원, 모(某) 건설사가 71억, 입찰에 응한 겁니다. 그것이 하나님이 주신 땅이 되었죠. 그리고 경매받은 부분은 은행에서 대출도 가능한 부분이지만 우리는 부도가 난 적색 업체라 대출이 전혀 안 되는 거예요…."(박광식, 현 CTS 법인이사)

"아이리스 백화점이 있었어요, 지금은 없지만. 백화점 4층에 문화센터가 있었는데, 그쪽에서 하는 말이 당신들은 바로 방송 제작을 해야 하니 그 공간으로 들어오라고 하는 겁니다. 그러니까 바꾸자는 말이지요. 그렇게 하면 20억 원을 더 주겠다면서. 그런데 이때에는 제가 안 된다고 말했어요. 어떤 대기업에서 50억 원 제안할 땐 회장님이 하나님이 주신 영상성전의 땅이라고 거절했지만, 아이리스 백화점의 경우엔 제가 거절한 거지요. 사실 이번에는 회장님 마음도 흔들리셨던 것 같아요.

이제야 그곳을 개발한다고 난리를 치고 있어요. 그러나 우리가 여기 2004년에 왔으니까 거의 20년이라는 시간이 흐른 거죠. 20억 원을 받아봤자 시설비에, 중계시스템에 이것저것 구비하려면 엄청난 돈이 들어갔을 거거든요."(최현탁)

"그쪽에서는 당연히 자기네가 될 줄 알고 도면까지 다 만들어 놓고 신문 광고 다 만들어 놓았는데, 그야말로 '듣보잡'(듣지도 보지도 못한…)인 회사 하나가 들어와서 3천만 원 차이로 낙찰받아버리니까 미치는 거지."

"회장님이나 회사로서는 돈 한 푼이 아쉬운 상황인데 1년 가까이 공실도 많았어요. 제가 알기로는 마사회가 한 다섯 개 층을 쓰겠다고, 돈 많이 쳐주겠다고 했는데 회장님은 안 흔들리셨다는 말을 전해 들었어요. 그래서 이 건물은 하나님 앞에 드려진 거라는 생각이 각인되었지요."

"원래 지하에 사우나를 하려는 업체들이 있었어요, 20억을 보증금으로 주겠다고 했지요. 물론 그 20억은 한 개인이 내놓는 것이 아니지요, 때밀이, 구두닦이 등 여러 사람에게 일정액씩 받을 요량이죠, 그런데 우리 사모님이(박양희 권사) 기도하시다가 지금 하나님의 성전을 목욕탕으로 만들려고 그러느냐고 하셨어요. 그래서 설계 변경에 들어갔어요, 설계 변경을 하는 바람에 공사 기간이 더 걸렸지요. 돈도 더 많이 들고. 게다가 여기 부지가 사질토예요, 남산에서 근무하는 직원들은 빨리 들어와야 하고, 모금된 액수는 다 합해도 40억 정도니까. 그래서 공기가 짧은 기계식 주차장이 들어온 거예요. 이런 내막을 모르는 사람들은 우리보고 바보라고 그랬지요. 이거 다 팔고 몇백억 받아서 저 외곽에 우리 건물 짓고 빚도 좀 갚고, 남은 돈은 현금을 보유하고. 이 건물을 꿈꾸고 기도하고 세워갔던 사람들은 생각지도 않았던 말들을 주변에서 했던 거죠."

이 당시 CTS멀티미디어센터에 들어갈 비용은 총 공사비 394억 원이었다. 이 가운데 CTS가 소유할 다섯 개 층 건축비가 134억 원이었고, 시설비용이 50여억 원이었다. 감경철 사장의 개인회사 조은닷컴이 260억 원을 담당하고, CTS가 134억 원을 담당하는 것으로 했다. 그러니까 최소한 184억 원이 필요했다. 모금액은 40여억 원에 그쳤으니 난감한 상황이었다. 사업과 실업인으로서 연마된 감 회장의 감각과 도전 정신이 큰 역할을 했다. 혹자에게는 무모해 보일 정도로 그는 사옥 건설 비전을 제시하고 밀고 나갔다.

"마지막 두 개 분양된 게 있었어요. 지난번에 하나 매입했고 마지막 하나 남은 것은 2020년에 샀는데. 내가 집에 가서 이 말을 하니까 우리 식구가 다 기뻐하더라고."(감경철)

"이 건물을 지을 때 교계에서 부정적인 시각으로 보았어요. 부도나고 돈도 없어서 감 회장님 회삿돈으로 다 채우니까. 이게 CTS 것이라는 보장이 어디 있냐면서. 저건 저 회사 것이지 CTS 것이 아니잖느냐는 의혹들이 많았어요. 그러자 회장님께서는 건물 이름 자체를 CTS멀티미디어센터라고 이름을 짓고, 건물 외관에도 마크를 붙였어요. 그리고 이렇게 문패를 달아주는데 왜 너희들 것이 아니냐는 표현을 하시면서 답답해하셨지요."

"노숙자 신세에서 타워팰리스로"라는 말을 노래하듯 자주 하던 최현탁은 사옥설립의 전후 과정을 꿰고 있었다.

"노숙자 신세에서 타워팰리스와 같은 사옥에 들어가기까지의 감경철 회장의 역할과 희생과 공로는 누구도 부인할 수 없죠. 사업 경험이 풍부하신 감경철 회장이 일하시는 방식이 직원들의 생각과는 다를 수는 있죠. 부부끼리, 가족끼리도 항상 잘 맞는 것은 아니잖습니까?"

최현탁의 말대로 임직원 모두가 저마다 색이 다양하다. 그렇지만 감경철 회장의 탁월한 사업적인 역량과 기지, 또 희생과 헌신은 그 누구도 부인해서는 안 된다며, 한국 교계 역시 회장님에 대해 감사를 잊어서는 안된다고 입을 모은다. CTS는 일개 방송이 아니고, 하나님의 말씀, 하나님의 나라를 선포하는 영상매체로서 모든 믿는 이들의 입을 대변하기 때문이다.

모금방송

• • •

2003년 5월 25일, CTS는 노량진 기독교TV 멀티미디어센터 모금을 위한 특별 생방송을 실시했다. 〈희망 쌓기 1200〉이라는 이름의 생방송은 남산 임시 특별 스튜디오에서 오전 9시부터 12시간 동안 릴레이로 진행되었다. 남산 스튜디오와 특별 스튜디오의 이원 생중계로 총 8부에 걸쳐 실시했다. 시청자들은 남산 스튜디오를 직접 방문하기도 하고, 전화나 인터넷으로 '한 구좌 벽돌 헌금', '한 평 헌금', '기념실 특별 헌금' 등 다양한 방법으로 참여했다. 총 2만 6천여 명이 모금에 동참했다.

"첫 모금방송에서 13억 정도 모였고, 2004년 2차 모금방송에서는 10억 정도, 그리고 완공 때까지를 최종 마감으로 해서 사후 모금된 것이 40억이야."(송영우)

노량진 사옥을 짓고 있을 때 제작팀 막내였던 이제선의 말이다.

"그때 제가 12시간 모금 생방송을 했던 것이 기억납니다. 모금 생방송을 시작했는데 정말 각계각층에서 정말 많은 분이 오시더라고요. 그것보면서 CTS는 앞으로 잘 되겠다고 생각했지요, 할렐루야축구단도 오고, 아기 엄마도 아기를 안고 오기도 했습니다. 그 아기 엄마와 인터뷰를 하면서 어떻게 오셨느냐고 물었더니 '나중에 우리 아기가 볼 방송

2003년 5월 27일 모금방송_이영무 대표와 할렐루야축구단

이잖아요.'라고 대답하는 겁니다."

첫 모금방송을 할 때 목표액은 100억이었다. 그런데 모금방송 총괄자는 고민이 깊을 수밖에 없었다. 소위 남의 방송국(남산 리빙TV)에서 생방송을 해야 했고, 방송팀들도 넉넉지 않았다.

"생방송으로 모금방송을 하라고 했지만, 과연 이게 될까 생각했어요. 그런데 막상 방송을 시작하니 사람들이 막 오는 거예요, 옛날 KBS, 그러니까 국립영화제작소가 있던 언덕에서 저 아래 명동역까지 사람들이 줄을 서 있는 겁니다."(이제선)

CTS의 사옥 건축에 힘을 보태겠다고 은반지까지 빼서 오신 할머니, 어린아이를 데리고 온 엄마를 비롯하여 줄을 서서 기다리던 많은 사람의 모습을 본 직원들은 이것이 기적이구나, 정말 기적이 일어나겠구나,

우리가 정말 그 건물에 입주할 수 있겠다고 하면서 희망을 품게 되었다고 말했다.

"지금 생각하면 미친 거지, 그땐 무슨 정신으로 그렇게 했는지 몰라."(박성진)

모두 그때를 떠올리며 한마디씩 하고 웃기도 했다. 그리고 지금도 그때를 생각하면 울컥한다고 덧붙였다. 그때만 해도 건물, 사옥이라는 분명한 목표가 있었다. 그래도 처음에는 감경철 사장이 제시한 건물에 대한 꿈이 직원들에게는 너무 커서 현실감이 없어 보였다고 말한다.

그래도 그때에는 네 편 내 편 없이 오로지 일에만 몰입하면서 계단을 오르락내리락하고 늦은 밤까지 일했다. 개그맨이나 연예인들도 모금방송에 무료로 출연했다. 부도 이후 CTS는 전처럼 출연료 사례를 할 수 없었다. 출연료는커녕 교통비조차 챙겨줄 수 없는 상황이었다. 오히려 출연자들이 방송 제작진에게 밥은 먹었느냐 물을 정도였다. 촬영을 나가면 밥부터 먹고 하자는 등 밥부터 사달라고 하니까 쟤들은 굶고 다닌다는 소문까지 났다고 했다. 이렇게 점심값, 차비를 걱정하며 일하던 시절에 감경철 사장은 어떻게 그런 꿈을 꾸었는지 모르겠다고 말했다.

"회장님의 꿈이 너무 컸던 거야. 우리 꿈은 요만큼밖에 안 되는데."
"나는 제일 창피했던 게 뭐냐면 〈예수 사랑 여기에〉를 촬영하러 올라갔더니, 출연하시는 분이 용돈을 주시는 거야. 불쌍하다면서."
"지금은 진짜 다양한 세대들이 들어와서 솔직히 말해서 이런저런 갈등도 없지는 않은 구조지만, 그때는 진짜 일과 회사만 생각했어."

그러나 너무 지난 이야기를 들춰내면 후배들로부터 "꼰대"소리를 들을까 봐 가능하면 입을 다문다고 말한다.

산발랏과 도비야는 늘 존재한다
• • •

하나님은 감경철이란 한 인물을 들어 사용하셨고, 돕는 자들을 붙여 주셨다. 이들을 통해 하나님은 일하셨고 기적을 행하셨다. 그러나 그 당시에는 하나님의 손이 보이지 않았다. 하나님의 역사는 늘 그러하듯, 긴 시간이 흐른 뒤에야 전체 윤곽이 보인다. 그래서 앞으로 CTS에서 일할 후배들과, CTS를 한결같은 마음으로 섬겨오고 섬길 한국 교회의 많은 성도, 또 그동안 CTS나 감경철 회장에 대한 가짜뉴스만 접했던 사람들, 모두가 편향된 시각을 버리고, 그 당시 사건에 대해 일부나마 들어보면 어떨까?

이야기를 나누는 과정에서 임직원들의 격앙된 감정을 느낄 수 있었다. 이미 지나간 일이긴 하나 감경철 회장의 억울함에 다시금 감정이입이 된 것이다. 언론에서는 대할 수 없는 내용도 있었다. 오고 간 이야기들과 관련 기록을 다음과 같이 정리했다.

"계속되는 소송과 모함, 이것들에 대해서 우리가 할 수 없이 법적 대응을 하는 거는 피하려고 그랬는데 안할 수가 없어서 우리가 법적 대응을 합니다. 그래서 2009년 8월에 1차 무혐의, 2010년 2월에 2차 무혐의, 그리고 2011년 1월에 3차 완전 무혐의 이렇게 다 무혐의 처분받아요. 그리고 이러한 소송과 무혐의 과정에서도 조금 전에 말한 것처럼 CTS멀티미디어센터의 한 층 한 층을 다 사들인 거예요. 이게 기적 아닙니까. 이거 그냥 글로 몇 자 써서 될 일이 아닙니다. 완공 초기에는 지상 10~12층, 지하 1~2층을 CTS가 소유했습니다. 2011년 7~9월에 8~9층을, 2013년 7월에 2층과 7층을, 2014년 6월에 1층을 매입했습니다."(송영우)

2004년 5월 25일 2차 모금방송이 있었다. 그런데 이 모금방송이 과연 적법하냐를 두고 한바탕 난리가 벌어졌다. 그 와중에 감경철 사장은 고발을 당하는 일까지 벌어졌다. 여기에 내로라하는 기독교 언론과 일부 단체도 가세했다. 횡령이나 사기니 하는 단어들을 마구 쏟아내면서 감경철 회장을 매도했다.

2006년 5월, 검찰청 특수부에서 갑자기 들이닥쳐 압수수색을 나왔다며 방송 운영과 건축 관련의 서류들을 몽땅 가져갔다. 사옥을 건축하면서 감경철 회장이 수억을 횡령하고 부정 이득을 취했다는 것이다.

CTS 사장으로 취임 후 정상화를 위한 각고의 노력에 찬물을 끼얹듯 닥쳐온 임대 사옥에서의 강제퇴거. 이 일로 길거리로 쫓겨난 CTS는 무엇보다 사옥 마련이 가장 시급한 과제였다. 여전히 금융기관 등 수백억 원의 부도 채무 상환의 압박은 숨이 막힐 지경이었지만, 전능하신 하나님은 경매 입찰을 통해 노량진 신사옥의 꿈을 이루게 하셨으니 그야말로 기적이었다.

　그런데 문제는 건축 당시 CTS가 부도 법인이라 자력으로는 자금 조달할 길이 없었다. 감경철 회장은 가족이 운영하던 회사를 통해 자금과 건축 시행의 책임을 떠안았다. 그렇게 신사옥을 완공하고 겨우 숨을 돌릴 즈음인 2006년 5월, 검찰 특수부에서 갑자기 방송 운영과 건축 관련 서류를 압수해 갔다. 내용인즉 방송국 건물을 시공한 건설업체가 수사를 받는 과정에서 CTS가 노량진 신사옥 예정 부지를 경매 낙찰 후, 무단으로 입주해 있던 상인들의 퇴거 비용과 주변 민원 해결을 위해 조성 집행된 부외자금의 출처와 사용을 문제 삼은 것이었다.

　모든 사용처에 대해 회계 처리가 확인되었고, 자금을 전혀 유용한 적이 없음에도 불구하고 그 사실을 알고 있었을 것이라는 이유만으로 CTS 감경철 회장이 업무상 배임이요 횡령을 했다는 혐의였다.

　참으로 어이없는 일이었지만 감경철 회장은 하나님이 주신 비전을 이루는 과정에서 자신이 감당해야 할 고난의 십자가로 받아들였다. CTS 사장으로 취임하며 하나님께 온전히 헌신한다는 각오로 연봉을 1원으로 책정하고, 개인적으로 운영하던 회사들에게 큰 부담을 안기면서까지 열심히 일했는데 그 결과는 구치소에서 50일을 지내는 것이었다. 후일에 이 사건은 법원 판결을 통해서도 개인적인 횡령이 아니라는 점을 분명하게 밝혀 주었지만, 감경철 회장으로서는 참으로 억울하기 짝이 없는 가슴 아픈 일이었다.

이 사건은 그 후 항소한 고등법정에서도 이례적으로 판결문에

"피고는 부도 난 방송국을 사재를 털어 정상화하고 경영하는 가족 회사의 도움으로 사옥도 건축한 점을 참작하고, 조성된 부외자금은 현장 건축비로 전액 사용되고 개인적으로 사용되지 아니한 점을 밝혀주어 감경철 회장의 억울한 점을 인정해 주었다."(『비우니 채우시더라』 p.65)

수원 구치소에서의 50일, 원통함으로 따지면 요셉과 견줄 수 있을까? 감경철 회장이 갇혀있는 동안 한국 교회의 지도자 목사님들의 방문이 줄을 이었다.

"수사가 진행되는 기간에는 구치소에 이제 일단 계셔야 하잖아요. 그 기간에 많은 한국 교회의 지도자가 되시는 목사님들이 면회하셔서 위로하시고."

"목사님들이 계속 오시니까 그 목사님들 면회순서를 내가 정하다시피 했어. 근데 면회 규정이 있잖아. 면회를 두 사람인가 밖에 못해. 더 못 오게 돼 있어. 그런데도 면회를 하려고 각 목사님 교회에 변호사들이 있잖아. 그분들 도움으로 특별 면회를 받아서 오시더라고. 수원 구치소 프리패스는 K 목사 하나뿐이니까. 수원교도소에서 아주 오래 근무한 분이 그러는데 수원지검이 탄생 이래 감 회장님 만큼 짧은 기간에 면회객을 많이 받은 사람이 없다는 거야."(박광식)

감 회장이 갇혀있는 동안 CTS 임직원의 분위기, 혹시 절망적이지는

아니었는지 묻자 이런 답이 나왔다.

"절망했다라기보다는 있을 수 없는 일이 발생해서 고생하고 있으니까."

"부정적인 시각으로 본다면 할 수가 없죠. 그냥 진짜 CTS 살리려고 한 죄 밖에 없는데 언론에서 자꾸 떠드니까."(우원근, 현 CTS 법인이사)

"한국 교회 차원에서, 또 우리 이사회 차원에서 그때 탄원서, 진정서를 제출하였어요. 그리고 수사 결과 혐의가 없으므로 마침내 나오시게 된 거예요."

"있는 그대로 말할게요. 회장님이 사재를 털고, 눈물로 헌신해서 이곳에 왔는데, 노조에 시달렸죠. 또 구조조정 후폭풍으로 2년간 외주 주고 힘들게 일했죠. 이제 2004년 말에 여기(노량진 사옥) 들어왔고,

회장님 고난시절 기도

2005년 2월 22일에 입주 기념 감사예배를 드리고, 그제야 기대하고 해 피하게 일을 하려는 참이었어요. 불과 2년이 지난 2007년 말, 우리 내부의 어떤 직원의 소행으로 중견 교회 C 목사라고 하는 사람이 우리 자료를 보고는 엄청난 돈을 감 회장이 횡령했느니 하면서 검찰에 고발하면서 문제가 시작되었어요. 그 사람이 재무제표를 제대로 볼 줄 아는 전문가도 아닌데 말입니다.

여하튼 2007년 말, 우리가 국제 찬송가 경연대회를 하게 되었어요. 그때 C 목사가 1억 협찬을 해주셨지요. 협찬금 전액이 상금으로 나가는 돈이에요. (후에 1천만 원을 도로 가져감) 그래서 우리는 감사의 뜻으로 이분에게 특강 방송을 하게 해줬대요. 이때만 해도 서로 관계가 좋았지요. 그런데 특강을 더 하게 해달라고 하니까 우리 방송 책임자가 이제 그만하라고 말한 것에요. C 목사가 그 이유를 물으니까 시청률이 안 나와서라고 답을 했대요. 모두 독특한 스타일들이라 의사소통 과정에서 자존심을 건드렸겠죠. 이때부터 싸움은 시작된 거예요."

이후 거의 3년을 검찰을 상대하는 데 올인했다고 말한다. 이 과정에서 전 직원 통장 거래내역이 조회되었다. 압류는 2008년에 와서야 완전히 풀렸다.

"제가 2010년 3월에 여기 왔거든요. 두 번 압수수색을 당했어요. 여기 이분과 같은 부서였는데 이분은 돈, 재무 쪽이었고, 저는 건물관리 쪽이었어요, 검찰 자료 제출 땜에 맨날 밤새고, 검찰에서 오면 대응할 준비하고 그랬던 기억이 나요."(황우중)

"감 회장님의 마음 고생, 몸 고생 생각해 봐야 해. 회장님으로서는 여기에 돈 넣고 시간 넣고 땀 흘리고 했는데, 한국 교회가 인정해 주지는 못할망정 어떻게 교회 목사들이 그렇게 집요하게 음해하는지 생각해 봐."

이 당시 겪었던 불편함과 스트레스를 다음과 같이 긍정적으로 아름답게 표현하는 직원도 있었다.

"어쨌든 내부적인 시련도 많고, 조사도 많이 받음으로 인해 회사가 투명 경영에 모범이 될 수 있었어요. 타의 추종을 불허할 정도로요."

그러나 혐의가 하나 풀리면 또 다른 쪽으로 조사가 들어오고 하는 바람에 5년 넘게 시달려야 했다. 그 과정에서 이사회 대표들은 수차례 C 목사를 만나 설득하였고, 2013년 5월 어린이 주일에 최현탁이 C 목사의 교회로 찾아가 담판을 짓고, 지리한 소송전을 중단할 것을 강력히 권고하기도 했다. 이렇듯 5년여 동안 계속된 고발과 쌍방간 법적 분쟁은 결국 C 목사가 실형(벌금형)을 선고받음으로 종결되었다.

"네 이름을 다시는 야곱이라 부를 것이 아니요 이스라엘이라 부를 것이니 이는 네가 하나님과 및 사람들과 겨루어 이겼음이니라"(창 32:28)

기독교TV, KCTS는 2003년 3월 28일 제8기 정기주주총회에서 가 공식 명칭이 CTS(Christian Television System)로 바뀌었다. CI(Corporate Identity)도 바뀌었다. 이 모두가 새로운 경영전략의 하나였다. 그동안 암울하기만 했던 곳에 서광이 비치기 시작했다. 이 시기는 정상화에 대한 막연한 기대가 확신으로 바뀌기 시작한 때이기도 하다. 또한 설립 이후 최초의 흑자를 기록하기도 했다.

3. 이어지는 담대한 비전

지로드(ZRoad) – 예수님이 걸어오신 길

· · ·

'ZRoad'는 'Zion:시온'과 'Road:길'을 합친 말이다. '예수님이 걸어 오신 길'이라는 뜻이다.

지로드의 전신은 남산 시절의 인터넷 사업팀이다. 미래 IT 사업을 내다보고 있었던 감경철 사장의 아이디어이기도 하다. 2013년 1월 1일, 향후 모바일 앱 시대가 도래할 것을 예견하고, 이에 대응하는 사업팀을 꾸린 것이다. 차세대 미디어를 통해 더욱 효율적으로 영상 선교 사역을 하기 위해서다. CTS의 경영팀, 사업팀, 클라우드 사업팀들로 구성되었으며 K가 팀을 이끌어갔다. 한 예로 모바일 앱 시대가 오면 각 교회가 콘텐츠를 하나의 서버에 올릴 수 있고, 앱을 통해 콘텐츠를 활용할 수 있다는 것이다. 따라서 교회의 모바일 앱을 만드는 것이 첫 사업이 되었다. 그 후, 6천여 교회에 무료 앱을 보급하고, 스마트 앱 툴

보급, 앱 라디오, 앱 활용 교육, CTS 업무 대행 등의 일을 지속적으로 해왔다.

> 2014년 1월 22일 다문화가정을 위한 'N스크린 다문화 OTT(Over The Top: 인터넷을 통해 볼 수 있는 TV 서비스) 방송'을 개국. 첫 방송으로 베트남 '씬짜오 TV(Xin Cho TV)' 서비스를 론칭하기도 했다. '다문화 OTT 방송'은 지로드코리아가 국내에 거주하는 외국인과 다문화가정이 나라별로 고국 방송을 시청할 수 있도록 만든 획기적인 방송 서비스다. 인도, 태국, 필리핀, 몽골 등 각국에서 송출된 방송을 동시에 한국에서도 볼 수 있다. 셋톱박스를 설치한 TV나 'N스크린(하나의 멀티미디어 콘텐츠를 N개의 기기에서 즐길 수 있는 서비스 또는 기술)'으로 인증받은 스마트 기기를 통해 시청할 수 있다. (『CTS기독교TV 25년사』 p.114)

CTS 라디오 JOY 플랫폼을 자체 개발하기도 했다. 이후 100여 개에 달하는 방송국, 교회, 기관 등의 애플리케이션 및 웹사이트 제작 솔루션 회사로 발돋움했다. 또 IPTV(인터넷 프로토콜 TV) 교육 부분 1등인 "에듀 TV"의 교육콘텐츠와 CTS의 콘텐츠를 기획, 제작, 공급함으로써 대한민국 콘텐츠 전문기업 ㈜지로드 코리아로 성장해가고 있다.

CTS인터내셔널

• • •

사단법인 CTS인터내셔널은 CTS가 설립한 비영리 종교법인이다. 섬김과 나눔을 토대로 설립된 CTS인터내셔널의 미션은 세계 모든 민족에게 주의 복음을 전하는 것이다. 그리고 비전은 온 열방, 모든 민족이 주님의 복음을 듣는 것이다. 2010년 5월 10일에 설립되었으며, 원래 이름은 'CTS미션'이었는데, 3년 후 'CTS인터내셔널'로 바꾸었다. 그이유는 이집트나 서아프리카 등 일부 이슬람 지역에서는 '미션'이라는 단어가 활동에 장애가 될 수 있기 때문이다.

'7000 미라클'과 '더 700클럽'

• • •

미국의 〈더 700클럽〉은 2시간짜리 방송 시간을 사서 한 번 방송하면 1년에 2천억 정도를 모금하는 프로그램이다.

그렇다면 CTS의 〈7000 미라클〉은? 이 프로그램의 탄생 이야기는 이러하다.

"〈7000 미라클〉은 제가(강명준) 방송본부장으로 와서 만들었던 작품입니다. 그때 제가 CTS를 그만두고 정철 영업팀(영어 TV)의 사장으로 4년 차 정도 됐을 때인데 회장님으로부터 계속 전화가 왔어요. '더 700클럽'과 같은 프로그램을 만들고 싶은데 여건이나 환경이 쉽지 않다는 거예요. 그 당시 방송 본부에서도 이 프로그램은 어렵다 했고, K 전무님도 CBN 다녀오고 했지만 역시 어렵다고 했다는 겁니다. 그러니 어떻게 하면 좋겠느냐고 하셔서 시간을 조금 주시면 제가 한번 살펴보겠다고 했지요.

그 무렵 뉴욕한인방송이 단비TV를 인수하게 되면서 우리가 뉴욕한

인방송을 해야 하는 상황이 되었어요. 그런데 아무도 세팅하러 갈 사람이 없는 거예요. LA에 있던 김OO 대표에게 세팅하라 했는데 개인적인 이유로 못 가신다고 저보고 하라고. 그래서 제가 영어 TV를 관두고 뉴욕으로 갔습니다. 이 시기는 회장님께서 아주 큰 어려움을 겪으실 때입니다. CTS도, 임직원들도 감사받고 난리를 치던 시기지요. 여하튼 세팅을 마치고 1월 2일 들어왔는데, 저를 방송본부장으로 발령을 해놓고 출근을 하라는 거예요. 그리고 제게 주어진 첫 과제가 〈더 700클럽〉의 700을 7000으로 바꾸어 새로운 프로그램을 만드는 것이었습니다. 그래서 박성진 이사님하고 세팅해서 피디(PD)들과 함께 〈7000 미라클〉을 만든 거지요."

"회장님이 NRB(National Religious Broadcasters:미국종교방송협회) 관련하여 미주 출장을 여러 차례 다녀오셨어요. 그 과정에서 CBN의 주력 TV 프로그램인 〈더 700클럽〉이라는 방송을 보신 거예요. 그리고 남산에서 이런 방송을 하라고 계속 이야기하셨어요. 그런데 우린 그런 것을 본적도 없고, 그런 큰 회사랑은 비교도 안 되거든요. 그러나 결국 만들어냈고, 그것이 바로 그래서 만든 것이 〈7000 미라클〉이에요."

CTS가 부도났을 때도 〈예수 사랑 여기에〉는 계속 방송했던 것처럼, 또 하나의 메인 프로그램이 탄생한 것이다. 이 프로그램이 메인으로 자리를 잡고, 〈CTS 7000 미라클, 열방을 향하여〉가 방송되면서 후원금이 계속 들어왔다. 이를 통해 해당 지역도 혜택을 받았고, 동시에 'CTS 인터내셔널'도 자리를 잡아 안정적으로 운영할 수 있게 되었다.

〈7000 미라클〉

"이런 부분은 회장님의 확실한 치적인 거죠."

〈7000 미라클〉 프로그램이 제작되기 전에는 미국 방송 프로그램을 잘라서 방송했다. 한국어판이 없었고, CBN에서 받아 편집해서 방송했다. 모금과 관련하여 몇 사람이 웃음 섞인 목소리로 이렇게 말한다.

"그 당시 임원들한테 모금방송 모금 뛰라 했지. 5만 원씩 700명을 모집하면 한 달에 3,500만 원, 연간 4억 2천만 원 들어올 수 있다 해서…."
"네. 임원별, 개인별로 할당되어 뛴 적이…."
"맞아요. 저도 했었습니다. 독수리인가 뭔가…. 지금도 나가고 있습니다."

〈CTS 7000 미라클〉은 오지 선교를 감당하는 목회자의 삶과 사역을 소개하는 '땅끝으로', 해외에서 복음을 전하기 위해 고군분투하는 선교사들을 소개하는 '열방을 향하여' 등을 통해 복음 전파에 힘을 쏟는 이들을 섬기고 있다. (후반부 모금 이야기에서 다시 언급될 것임.)

지사 설립 이야기

• • •

대치동에서 남산으로 이전하면서 CTS는 크고 작은 어려움을 지속해서 겪어야 했다. 타 방송 역시 내 편이 되어주기보다는 매번 경쟁자 아니면 적수처럼 행동할 때가 많았다. 따라서 이 당시 일들을 떠올리는 직원들 가운데는 아직도 그때의 울분을 삭이지 못한 양 목소리의 톤이 다소 올라가기도 했다.

따라서 무엇보다 지사 설립의 필요성이 대두되었다. 지사 설립에 있어서 극동방송의 모델을 사용하기로 했다. 그래서 그 당시 극동방송의 H 장로가 CTS 부사장으로 왔다. 그러나 극동방송은 라디오 방송국이고 CTS는 텔레비전 방송국이기 때문에 서로 구조가 달라 제대로 정착하기 힘들었다. 이어 K 전무가 이 일을 이어받았다. 그런데 회사재정이나 인력이 모두 열악하다 보니 팀을 꾸리기부터 쉽지 않았다. 실무자였던 박성진은 6명을 먼저 뽑았다.

이렇게 지역에서 사람을 뽑아 놓기는 했지만, 팀장이 앉을 책상도 없었다. 게다가 급여는 계속 나가야 하니 부담감이 상당했다. 그렇다고 해당 지역에 무작정 파견할 수도 없었다. 그래서 박성진은 지역을 직접

2003년 9월 4일 CTS경남방송 개소식

방문하기 시작했다. 새벽부터 거의 온종일 지역을 돌아다니며 이렇게 설득했다.

"CTS 출신으로 모 교단 본부에 근무하던 W씨를 비롯한 후발 방송사 직원들이 각 교회에 다니면서 CTS가 망했다고 하니까 지역에 있는 목사님들이 본사로 전화를 하는 거예요. CTS가 정말 망했느냐고. 그래서 제가 CTS는 여전히 건재합니다. 목사님, 한 달에 조금씩 후원해 주면 우리 직원 2명에게 급여 주고, 지역 뉴스 프로그램도 잘 제작하겠습니다."

그 결과 25개 정도의 운영위원 교회를 섭외했고, 이사장님 교회 두 곳으로부터 100만 원씩 받아 지사 설립의 토대를 마련했다.

당시만 해도 거의 모든 장비를 서울에서 발주해야 했다. 류혜선을 목포에 보낼 때 심정을 박성진은 이렇게 표현했다.

"딸 시집보내는 친정어머니 심정으로 마티즈에 편집기하고 카메라 작은 거 싣고 직원을 보냈죠. 그럼 그곳에 가서 배턴 터치(baton touch)하고…. 그러면 또 일일이 찾아뵙고 뉴스를 계속하면서 그 지역이 토대가 된 거죠."

CTS 직영체제가 아니다 보니 문제들이 발생했다. 지역 운영 이사가 임의로 가족을 동원하고…, 그 후 광주 지사부터는 직영체제로 운영했다. 각 지사는 해당 지역에서 실무자를 뽑고, 지역 연고자도 뽑고, 장비·차량 등을 후원받아 설립되었다. 2002년, 경남지사가 제1호 지사로 탄생했다.

2006년, CTS목포방송이 탄생했다. 목포지사 설립 때, 본사로부터의 재정지원이 부재했다. 그래서 담당자가 직접 발로 뛰면서 5년 만에 마련한 스튜디오였다. 도배부터 시작해서 모든 것을 류혜선이 직접했다.

지사 활동이 활발해지면서 2007년에는 평양 대부흥 100주년 기념 행사도 목포에서 개최했다. CTS가 주최한 '레나 마리아 콘서트'가 목포에서도 열렸다. 이러한 행사는 지역 교계에도 호감을 불러일으켜 지사에도 실질적인 도움이 되었다.

"지사 설립할 때, 박 이사님이랑 같이 새벽 5시부터 움직였죠. 부산을 당일치기로 갔다가 오고. 그러다 보면 운전하다 조는 모습도 보고…. 광주 1호 방송할 때 제가 내려가게 됐죠."(허명환)

지사 설립과정에서 이게 과연 될까 했던 일들이 신기하게 되어가는 것을 보면서 하나님이 일하시는 것을 분명히 봤다고 이야기한다. 그리고 그 하나님이 광주에서도 틀림없이 일하실 것이라는 확신 가운데 내려갔다고 했다.

"광주 같은 경우, CBS가 아주 강했죠. 광주 CBS 사옥을 교회들의 성금으로 지을 정도였으니까. 그런데 TV 방송이 들어간다고 하니 지역 목사님들이 좋아하셨어요."

광주 지사 스튜디오도 작긴 했지만 나름 큰 역할을 해냈다. 이를테면 지역 교회의 여러 메시지를 촬영해서 본사로 보내면 전국 방송으로 이어졌는데, 이것이 큰 호응을 얻었다.

"원래 지사 설립할 때면 목사님을 추천받아 찾아가 인사를 하곤 하는데 이렇게 하면 진척이 느려요. 그래서 저는 지나가다가 큰 교회가 눈에 띄면 그대로 들어갔어요. 그리고 소위 '영업'이라고 하는 거죠. 때로는 문전박대를 당하기도 했어요. 아 참, 이건 개인적인 이야기인데, 제가 광주에서 좋은 배우자를 만나 결혼했어요."

지사 설립과정에서 만났던 사람 가운데 고미라는 하나님의 인도하심을 구하며 함께 기도했었는데, 현재 탄자니아에서 선교사로 사역하고 있다고 덧붙인다.

지사 설립, 지사 사옥 마련과 관련한 일화도 나누었다. 한 예로 전북지사는 노량진 본사 사옥에 이어, 2016년, 최초로 지사 사옥을 보유

CTS전북방송 사옥

하게 되었다. 그 당시 일을 떠올리며 황우중 전무는 이렇게 말했다.

"회장님이 지사 설립 때마다 늘 말씀하셨잖아요. 자기 집이 있어야
한다고. 그때는 제가 총무팀장이었고, 임원이 아니었기 때문에 직접 추
진할 수는 없잖아요. 군산은 제가 군 생활을 할 때 잠깐 들린 적이 있을
뿐 가본 적이 없거든요. 전북지사가 사옥을 마련한 것은 정말 하나님의
기적이에요. 애초부터 우리가 살 수 있는 건물이 아니었어요."

그 당시 본사도 부채가 남아있었기 때문에 여력이 없었다. 전북지
사 사옥은 원래 국민은행 소유의 건물이었다. 그런데 하나님의 은혜로
경매 입찰을 하게 되었다.

"제 기억에 회장님이 입찰가를 100만 원인가를 더 쓰셨던 것 같아
요. 절묘하게 쓰셨지요. 제가 알기로는 노량진 사옥 부지도 3천만 원

차이로 입찰했다던데요. 아마 기도를 많이 하시니 그런 감각이 나오나 보다 생각하는 거죠. 이것뿐만 아니에요, 전주 지사 건물을 매입할 때도 또 세종지사도 다 입찰 과정이 기가 막혔어요."

그런데 아날로그 방송 시절 때만큼 지사의 활동이 활발하지 않다. 스튜디오 역시 예전처럼 많이 사용되지 않고 있다. 대신 유튜브 촬영이 늘어났다. 그렇다고 지사의 영향력이 줄어든 것은 아니다. 전국 각 지역에 지사가 있다는 것만으로도 그 지역과의 파트너십도 형성되기 때문이다. 다만 이제 각 지사는 미래 과제를 진지하게 생각해야 할 때이다.

"스튜디오들을 그냥 놀리지 말고 유튜브 방송을 하는 유튜버들과의 네트워크를 만든다던가, 기타 공간 활용 방법들을 찾아야 하죠. 그러나 아직 우리의 인적 구조라든지 운용방식에 있어서 여력이 못 미치고 있습니다. 앞으로 지사 공간을 지역 교회들이 다방면으로 활용할 수 있도록 방법을 찾아가는 것이 우리가 풀어가야 할 과제입니다."

현재 CTS의 모세혈관 같은 전국 지사가 21개에 달한다.

해외 지사 설립 이야기

• • •

2000년대, 특히 2000년대 초반은 20세기와 21세기가 공존하는 과도기다. 디지털 매체와 아날로그 매체가 함께 사용되었던 시기다. 따라서 이 시기의 디지털 매체는 개인용 컴퓨터를 기반으로 한 것이었다. 2010년대 들어서야 스마트폰이 등장했기 때문이다.

그러나 감경철 사장은 10년 후를 이미 내다보았다. 머지않아 멀티 미디어 환경에 대혁명이 일어나리라는 것, 또 글로벌 시대가 도래하리라는 것을 감지한 것이다. 그래서 CTS는 이른바 '세계를 교구로 하는 방송'을 표명함과 동시에 종합멀티미디어 방송사로서의 변모를 꾀하기 시작했다.

구체적인 예로 2001년 1월 3일 인터넷방송을 시작했다. 홈페이지 개설과 동시에 가입자 수는 가히 폭발적이었다. 감경철 사장의 예측 대로 들어맞은 것이다. 시간과 공간의 제약에서 자유로운 인터넷방송을 통해 CTS 복음 방송은 해외로 그 영역을 넓혀갈 수 있었다. 2002년 2월 CTS는 글로벌 네트워크 비전을 선포했다.

'CTS 월드비전'을 통해 전 세계 방송선교 네트워크를 구축하기 시작한 CTS는 위성 방송을 통해 방송의 영역을 해외로 넓혔다. 2003년 1월 1일부터 아시아와 호주에 24시간 실시간 위성 방송을 시행했다. 또 2003년 11월 1일 중국과 동남아는 물론 호주, 일본, 미국 하와이, LA, 캐나다와 러시아 지역 일부를 커버하는 팬암(PanAm) 위성 8호기를 통해 위성 방송 송출을 시작했다. 이로써 본격적인 위성 방송 시대를 열었다. (『CTS기독교TV 25년사』 p.102)

남산에 온 지 얼마 안 되었을 때, 감경철 사장은 또 다른 꿈을 꾸었다고 말한다.

"감 사장께서 다음 전략으로 삼으셨던 것이 뭣이냐 하면 미주에 CTS 아메리카를 세우겠다는 것이었어요."

감경철 사장은 미국 한인 방송에 관한 이야기를 듣고 난 후, 직접 가서 현장 상황을 확인하기로 했다. 이때 강명준(현 지로드 사장)이 동행했고, 캐나다에 있던 K 대표 역시 합류하기 위해 LA로 왔다. 그리고 함께 현지 방송국들을 세밀하게 살펴보았다. 그리고 미국지사를 만든다면 기존의 방송국을 인수할 것인지, 아니면 CTS가 자체적으로 세울 것인지 고민했다. 결국 CTS가 직접 세우는 쪽으로 결정이 났다.

그 당시 CTS는 해외 지사를 설립할 정도의 여력이 없었다. 송출시설도 없이 일단 작은 프로덕션을 하나 만들어 자체 스튜디오를 통해 수준 높은 현지 콘텐츠를 제작해 왔다. 또한, 처음엔 아직 송출환경도 조성되지 않았고, 홍보하는 시점이라 한인 방송국에 콘텐츠를 무상으로 제공하는 데 그쳤다. 이들 한인 방송 역시 길어봤자 하루 방송 시간이

CTS USA 방송 개국 감사예배

2~3시간, 길어봤자 6시간 정도였다. 콘텐츠를 제공할 때도 지금처럼 파일로 보내던 때가 아니라, 녹화 테이프를 보내주는 방식이었다.

　그런데 꿈을 주신 하나님이 꿈을 이루어가신다. 감경철 사장의 해외 지사 설립의 꿈은 생각지도 못한 방법으로 현실로 나타나기 시작했다. 세계 최대 위성방송사인 미국 디렉TV와 계약을 체결하게 된 것이다. 미국 전역에서 CTS 프로그램을 시청할 수 있게 되었다. 또 1개 채널(채널 2092)을 확보해서 1일 24시간 방송을 하게 되었다. 한국 본사 프로그램과 현지 제작 프로그램을 함께 방영했다.

　"그래서 K 대표가 현지에서 미주 CTS 대표로 있고, 저는(강명준) LA 다운타운에 거주하면서 방송국 세팅하고, 준비하고…. 정말 그 어려운 남선 시절에 직원들 월급도 못 주던 시절에 회장님께서는 두 번째 비전으로 미국에 CTS를 송출하겠다는 비전을 보이셨던 거죠."(강명준)

　2003년 북중미 전 지역에, 2004년에는 유럽, 중동, 아프리카, 동남아, 북미, 남미 지역에, 2005년에는 아시아 전역에도 24시간 실시간 위성 방송을 송출했다. 2006년, CTS USA를 개국했고, 2007년부터는 글로벌 네트워크 확장을 위해 해외 선교사 위성 수신기 보내기 운동을 전개했다. 또한 2006년, 세계한인기독교방송협회(WCBA)는 감경철 회장을 WCBA 제12대 회장으로 추대했다. 2007년, 감경철 회장은 만장일치로 회장직을 연임했다. 인사말에서 감경철 회장은 기독교 방송뿐 아니라 일반 방송사까지 회원사를 넓혀 제2의 미국의 CNN 방송과 같은 영향력 있는 매체를 만들어나가기 위해 노력하겠다고 했다.

감경철 회장의 이러한 비전은 더욱더 확대되어 십수 년이 지난 2021년 7월 1일부터 CTS 아메리카 방송(남가주 오렌지 카운티 플러턴시에 소재)이 남가주에서 디지털 공중파(DTV) 채널 18.8을 통해 송출하기 시작했다.

"CTS 아메리카는 2006년 남가주에 설립된 이후, 한인기독교 미디어 선교 기관으로서는 유일하게 24시간 복음 방송을 전 미주로 전파해 왔고, 방송 전문인들과 자체 스튜디오를 통해 수준 높은 현지 콘텐츠를 제작해 왔다…. CTS는 한국의 대표적인 기독교TV 방송이자 대한민국 86개 기독교 공교단 이 연합해 설립된 최초의 기독교TV로, 한국 노량진 본사를 비롯해 한국 18지역, 해외 3곳에 지사를 두고 선교방송사의 사명을 감당하고 있다."(「크리스 천투데이」 2021.06.24.)

이렇게 CTS는 명실공히 세계를 교구로 하는 방송임을 입증했다.

사실 감경철 회장이 이와 같은 글로벌 영상 선교 네트워크를 구축했다는 것이 미래를 예견한 지혜로운 선택이었다고 평가할 수 있다. 그러나 그 당시에는 시기상조라는 이유로, 또 재정적인 이유로 반대하는 사람들도 있었다. 정말 하나님이 주시고, 하나님이 원하신 비전이라면 시기상조라는 말은 어울리지 않는다. 또 한 가지 감경철 회장의 이러한 외연 확장을 보며 놀라지 않을 수 없는 것은 그처럼 어려운 상황에서도 어떻게 미래를 향한 거침없는 행보를 할 수 있었느냐는 것이다.

"그 당시 우리 직원들은 무슨 일이 터지면 성경에 비유해서 이야기 하곤 했어. 대치동에서 남산으로 올 땐 감경철 사장을 모세에 비유했지. 남산에 온 후 노량진 사옥을 짓는 동안 계속 공격을 당하니까 '아, 모세는 가나안에 못 들어갔는데. 진짜 못 들어가는 건가?' 그런데 무사히 들어왔어. 그래서 이번에는 '아, 이분이 모세가 아니고 여호수아인가 보다.'

그런데 회장님이 영문 이름을 지어야 하는 데 뭐가 좋겠느냐고 그러시더라고.

데이비드(David)로 하자니, 조용기 목사님이 이미 '조 다윗'으로 불리었으니까, 아무래도 선교 방송이니 바울(Paul)이 낫지 않겠느냐 해서 '폴 캄(Paul Kam)'이 되신 거야."

4. 기독 문화 확산과 문화선교

CTS 아메리카를 기반으로 CTS의 활동은 여러 방면에서 활기를 띠게 되었다. 미주 출신 한국 선교사들의 다큐멘터리 제작도 그 한 갈래로 볼 수 있다. 또한 감경철 회장은 미국의 테마파크들을 둘러보면서 또 다른 꿈을 펼쳤다. 취임 초기부터 밝혔던 기독교 문화 확산과 문화선교이다. 다만 그 범위가 확대되고 아이템이 다양해지다 보니 그것을 실행할 직원들로서는 버거울 수 있었을 것이다.

한 예로 우리나라에서는 테마파크라 하면 대형 놀이공원을 연상하는 사람이 많다. 애버랜드, 롯데월드, 서울랜드 같은 곳을 떠올리기 때문이다. 그런데 미국의 테마파크는 그야말로 테마가 담긴 파크로 그 정체성이 뚜렷하다. 규모 또한 어마어마하다. 성서 테마파크 '홀리랜드 익스피리언스(Holy Land Experience)'라던가, 지역사회와 함께 하는 부활절 행사, 다양한 기독교 문화 공연 등을 벤치마킹한 감경철 회장은 한국에서도 이러한 행사들을 개최해서 기독교 문화를 확산시켜 나가겠다는 꿈을 실현하고자 노력하였다. 이를테면 기독교가 놓치고 있는 것, 잃어버린 문화적 요소를 상기시키는 것이다. 특히 IMF 이후 전등 빛이 점차 사그라질 때 성탄트리를 통해서나마 새 빛을 비추는 것, 십자가를 상기시키는 것은 의미가 깊다.

기독교 문화 확산, 문화선교에 사업적인 요소를 결합함으로써 비전들을 확대해 나갔다. 그 과정에서 정부 지원이나 교회의 후원이 늘어나면서 비전은 점차 현실로 나타났다.

그 사례들을 몇 가지 추려 소개한다.

서울시청 광장 성탄트리

● ● ●

서울시청 광장에 설치한 성탄트리는 사업과 방송의 합작이라고 할 수 있다.

"어쨌든 회장님께서 서울시청 앞을 지나가다가 성탄트리를 보신 거야. 그때엔 트리 꼭대기에 별이 달려 있었어. 그런데 회장님은 그 별 대신에 십자가를 달고 싶으셨던 거지. 그래서 서울시랑 대화해 보니, 십자가를 달고 싶으면 성탄트리 제작 예산을 CTS가 책임지라고 한 거야. 그래서 회장님께서 결단하셨지."(강명준)

2001년부터 CTS는 한국 교회와 함께 서울시청 광장에 성탄트리를 세우는 일을 맡아 하게 되었다. 드디어 십자가를 달 수 있게 되었다. 성

성탄트리 점등식

탄절의 주인공이 누구인지를 상기시키는 십자가, 이것은 단순한 장식 그 이상의 의미를 담고 있다. 트리만 세우는 것이 아니라 점등식과 함께 다양한 공연도 펼쳤다. 특히 점등 행사의 하나로 불우이웃돕기 특별 생방송 〈소외된 이웃에게 사랑을〉도 시작했다. 이 모두를 특별 생방송 으로 진행됨으로써 CTS는 한국 교회를 대표하는 연합기관이라는 것을 다시 한번 대내외에 상기시킬 수 있었다.

"제1회 때 제가(강명준) 생방송 총 연출을 했었고요…. 그땐 불가능하 다고 생각했어요. 어느 시점에 있어서는 이 트리는 그냥 장식품이지 종 교적인 걸로 보지 않았거든요. 그런데 회장님께서 기도하면서 강력하 게 밀고 나갔어요. 그때 예산이 거의 1억이 넘게 들어가야 했는데, 회 장님께서는 이건 꼭 해야 하는 사역이라고.

사실 방송팀도 제대로 없고, 그런 대형 행사를 해본 적도 없었지만 그땐 오로지 별 대신 십자가를 세우겠다는 일념으로 전 직원이 달라붙어서 일했어요. 지금은 후배들이 잘하고 있는데, 그 당시에는 모두가 죽어나는 행사였어요. 그땐 광장에 잔디가 없었어요. 도로가 있었기 때문에 선을 위로 날리기도 하고, 지하도로 빼기도 하고…. 그 당시 중계 팀도 야외 생중계를 한다는 것은 생각조차 하기 힘들었던 시절이에요. 지상파방송도 힘들었던 시절이죠. 이렇게 힘이 들긴 했어도 직원들의 역량을 각 분야에서 강화하는 긍정적인 면이 있었어요."(강명준)

이렇듯 2001년부터 지금까지 21회에 걸쳐 매년 서울시청 광장에 십자가를 단 성탄트리를 한국 교회와 함께 세우고 있다. 2001년도 말이면 CTS가 아주 어려웠던 상황이었다. 그럼에도 불구하고 성탄트리를 점등하고, 12월 1일 CTS의 창사일과 더불어 창사 음악회도 개최했다. 이렇듯 대한민국 성탄 축제를 주도적으로 진행함으로써 '대한민국 성탄 축제'를 전 국민의 축제로 승화시켜 나갔다.

서울국제기독엑스포

• • •

"제1회 서울국제기독교박람회가 2001년 11월 28일 서울무역전시장에서 처음 개최되었어요. 한동안 뜸하다가 2008~2010년까지 다시 진행을 했어요. 2008년 당시 CTS 안에서 이런 행사의 유경험자가 전혀 없는 상태였어요. 사실대로 말씀을 드리면, 대행을 하다 보니 저희가 코엑스 측으로부터 억 단위로 눈퉁이를 맞아서 사실 굉장히 손해를 많이 봤어요. 그래서 그다음 해인 2009년도에는 저희가 직접 진행하는 걸로 해서 비용 절감을 좀 했어요. 2010년까지 했는데 세 차례 기독 박람회를 하다 보니까 기독교계 안에서 유사한 형태의 전시 박람회가 계속 생겨나는 것이에요. '사회복지 엑스포', '교육 엑스포' 이런 것들이. 전시 박람회라는 것이 캠페인을 위한 부분도 있지만, 사업적인 면에서 수익도 나와야 하는데, 교계 안에서 이런 유사한 형태의 사업들이 계속 번지다 보니까 실질적으로 수입 사업을 진행하기에는 무리가 있다라는 판단을 했지요…. 박람회가 중단된 이유는 손해가 나서라기보다는 그 당시 사업팀 안에 담당 인원이 2명이었어요. 저랑 여직원 한 사람. 그래서 무리가 많았지요. 여하튼 이를 통해서 CTS가 다른 행사(교회 박람회, 건축 박람회 등)로까지 확대해 나갈 수 있는 계기를 만든 행사였다고 생각합니다."(조종윤, 현 문화사업 본부장)

2008 서울국제기독엑스포는 코엑스 인도양 홀에서 4일간 개최되었다. 기독 종합관, 기독산업관, 선교·교육관, 교회 건축관으로 나누어 전시가 이루어졌다. 교회를 비롯한 기독교 관련 업체 210개 단체가 참여해서 315개의 부스를 설치했으며, CCM 콘서트, 대학입시 세미나 등

2008 서울국제기독엑스포

다양한 부대행사도 마련하였다. 전시종료 후에도 CTS 홈페이지를 통해 참여기업 제품의 공동구매를 지속해서 추진하는 등 거래를 위한 시스템 구축을 계획했다.

한국창조과학회도 참여하여 눈길을 끌었다. 한국창조과학회는 부스 두 개를 할애받아 50분의 1로 축소된 노아 방주 모형을 전시하기도 했다. 19명의 크리스천 미술작가 초대전에는 200여 점의 작품이 전시되었다. 전시가 끝난 후에도 CTS 홈페이지를 통해 참여기업 제품을 공동구매할 수 있는 시스템도 계획했다.

2017 월드 기네스 오케스트라 합동 연주회

● ● ●

2017년 12월 16일, 서울 구로구 고척 스카이돔에 8,076명의 연주자가 복음성가 "나를 받으옵소서"를 7분 16초간 연주했다. 이 도전은 성공하여 기네스 세계 기록에 올랐다. 2013년 호주 브리즈번에서 했던 7,224명보다 852명이 더 많았다.

"CTS가 많은 역량을 보여주고 있었는데, 종교개혁 500주년쯤 됐을 때 교계도 그렇게 조금 시들해지는 상황이었어요. 그런데 그때 회장님께서 몇 번이나 부르셔서 저희에게 지시하셨어요. 기네스에 나올 법한 음악회를 기획해보라는 것이었어요. 그 말을 듣고 사실 매우 갑갑했어요. 기네스에 대한 자료도 찾아보고 했지만 뭘 해야 할지 가닥을 잡을 수 없었던 거죠. 또 그런 거대한 행사를 CTS가 과연 해낼 수 있을지 의문이 들었어요."(김민태, 현 문화사업팀장)

2017 월드 기네스 오케스트라 합동연주회

일련의 행사 이야기를 나누면서 직원들이 공통으로 하는 말은 감경철 회장의 비전은 하나님이 주신 달란트 같다는 것과 직원들이 그것을 잘 따라가지 못했다는 것이었다. 그러나 감경철 회장은 흔들리지 않고 계속 비전을 이야기하므로 결국 따라가게 되고, 이루게 된다는 것이다. 거의 모든 부서에서 이와 같은 경험을 했다고 털어놓았다. 때로는 감경철 회장이 던져주는 비전들이 직원들에게 부담이 되고, 방법을 못 찾아 고민하기도 한다. 그러나 일단 시도하고 나면 생각이 달라진다고 말한다. 그리고 "현실을 뛰어넘기를 원하신다."는 말로 감 회장의 의중을 이해했다.

"회장님이 계속 비전을 던지시니까 시도를 안 해본 것은 없습니다. 실패하더라도 그 과정에서 경험을 얻곤 했지요."

"저희는 경험과 환경 안에서만 꿈을 꾸는데 회장님께서는 저희가 보지 못하는 어떤 영적 감각이 있으신 것 같아요…. 그래서 여기 옆에 계신 조종윤 님이 '1만 오케스트라'를 만들어서 종교개혁 500주년에 맞춰서 하나님을 찬양하면 얼마나 멋진 일이겠냐고 했어요. 그래서 구체적으로 기획을 해서 1만 오케스트라 음악회를 구성하게 되었죠. 그리고 사업팀에 있던 저는 종교개혁 500주년에는 말씀을 중심으로 하자는 취지에서 성경이 찍힌 옷을 입고 십자가 대형으로 서서 복음을 밝히자고 했죠."

"저희가 모두가 불가능할 것 같다고 생각했던 그 상황 속에서 극적으로 이제 영국 기네스랑 직접 연결이 되면서 이제 종교개혁 500주년 10월 그때쯤에 거대한 십자가를 이제 스파클로 밝히고…. 12월쯤에 이제 고척돔에서 8,076명의 오케스트라 연주자가 동시에 애국가와 찬송가를 연주한 것이 기네스 등재하게 됐고요."

이번 연주회는 내년 2월 9일 개막하는 평창 동계올림픽 성공 개최를 위해 CTS기독교TV와 뮤직홈 음악연구소가 공동 기획·주최한 것이다. 주최 측은 연주회를 위해 지난 3월부터 전국에서 도전자를 모집했다. 최고령인 82세 참가자부터 최연소인 6세 어린이까지 다양한 연령대가 함께 했다. 이날 도전에 성공한 연주자들은 모두 즉석에서 세계 기네스 협회가 공인하는 인증서를 받았다.

심판 및 참관을 위해 기네스 영국 본사에서 파견된 심판관 솔베이 말로프는 "철저하고 완벽한 준비, 전국에서 온 연주자들의 열정과 적극성에 매우 놀랐다"며 "이 기록은 쉽게 경신되기 힘들 것으로 본다"고 밝혔다.

CTS기독교TV는 "도전자 상당수가 전국 중소형 교회에서 작은 오케스트라에 동참하며 꿈을 키워온 청소년들"이라며 "매년 대규모 오케스트라 연주회를 개최해 지속해서 국민이 관심을 가지도록 도전할 계획"이라고 밝혔다.
(《연합뉴스》 2017.12.16.)

다양한 문화공연과 전시회

• • •

CTS멀티미디어센터 아트홀에서는 다양한 문화행사가 열렸다. 기독교 문화 확산의 하나로 공연·연극·뮤지컬·콘서트 등이 꾸준히 선보였다. 또 세계적인 아티스트들의 콘서트가 CTS 주최로 예술의 전당, 세종문화회관에서 열렸고, 전국 순회공연으로 이어졌다.

* 레나 마리아 초청공연: 아직도 많은 사람의 기억에 남아있는 공연이다. 2007년, 2008년 두 차례에 걸쳐 레나 마리아를 초청함으로써 많은 이에게 희망을 전했다. 많은 언론에서도 소개했듯이 레나 마리아는 두 팔이 없고, 한쪽 다리도 뒤틀려 짧은 중증 장애인이다. 그러나 그녀가 복음성가를 부를 때엔 모두가 '천상의 목소리'라고 극찬했다.

* 뉴욕 할렘 싱어즈: 2008년, 할렘 흑인영가 단으로 알려진 '뉴욕 할렘 싱어즈'의 공연이 있었다. 이들은 정통 흑인영가로부터, 크리스마스 캐럴, 재즈, 힙합에 이르기까지 레퍼토리가 다양했다. 이들 공연은 성탄절 당일 방송을 통해서 더 많은 사람에게 기쁨을 전해주었다.

*'피아노로 하나님을 전하는 선지자'라는 별명이 붙은 헌틀리 브라운의 공연도 큰 인기를 끌었다. 크리스천 재즈 피아니스트인 헌틀리 브라운은 다양한 곡을 연주하고 간증도 했다. 한때 빌리 그레이엄을 비롯하여 세계적으로 유명한 목사가 이끄는 집회에서 피아노 연주를 했다.

"2010년, 제가(조종윤) 헌틀리 브라운을 데리고 전국으로 다니면서 공연을 했었거든요. 이 공연을 통해 교계 안에도 다소 즐거운 공연 문화가 정착되는 계기가 만들어졌다고 생각합니다."

*2010년 CTS는 창사 15주년과 제2채널 개국을 기념하여 예술의 전당, 아주미술관 공동으로 '르네상스 프레스코 걸작 재현 전'을 주최했다. 개막식은 전 세계로 특별 생중계되었다. 전시와 함께 "다빈치와 놀자!"라는 체험 교실을 열어 관람객들에게 기쁨을 주었다.

CTS E-CAMP

• • •

'CTS E-CAMP'는 2005년에 처음 시작되어 2011년까지 매년 7월에 진행되었다. 이 무렵 감경철 사장은 글로벌 영상 선교 네트워크 구축의 하나로 미국을 방문했다. 그 과정에서 한인 청소년들이 돈을 모아 아프리카나 동남아로 단기선교를 간다는 것을 알게 되었다. 그 당시에도 감경철 사장은 크리스천 청소년 세계화 교육에 관심이 많았기에 한 가지 제안을 했다. 한국에 와서 교육의 혜택에서 소외된 지역 아이들에게 영어도 가르치고, 글로벌 비전도 심어주면 어떻겠느냐는 제안이었다. 대신 문화 순례, 입영 체험, 기업 시찰, 유적지 방문 등을 통해 고국 체험을 할 수 있으며, 숙식은 해당 지역 교회에서 책임지기로 했다.

LA지역에 있는 CTS 아메리카가 주체가 되어 CTS E-CAMP에 참가할 학생들을 모집했다. 첫해엔 20명 정도만 참여했었는데 점점 늘어나더니 200명을 넘어섰다. 또 국내에서는 어느 교회, 어느 지사가 E-CAMP를 원하며, 몇 명을 보내주기를 원하는지 파악했다. 이렇게 해서 재미교포 원어민 초청 E-Camp가 전국 미자립교회에서 시작되었다. 쉬는 해가 딱 한 번 있었고, E-CAMP는 2011년까지 이어졌다.

E-CAMP에 대한 소감을 일부 소개한다.

"오늘 영어 캠프를 처음 왔는데 (영어) 발음하고 쓰는 것이 어려웠는데 선생님이 알려주셔서 쉽게 배운 것 같아요."(익산 석불초등학교 어린이)

"우리가 CTS E-camp 프로그램을 통해 영어를 가르쳐주면서 아이들에게 사랑을 전하고 즐거운 마음으로 공부할 수 있도록 도움을 주고자 이곳에 왔습니다.

어린이들은 그리기와 놀이 체험, 찬양과 율동을 통해 영어를 쉽고 재미나게 배워갑니다."(CTS E-camp 봉사자)

"낙후된 농촌 현실 속에서 소외된 아이들에게 꿈과 희망을 주고 이번 영어 캠프를 통해서 글로벌시대 하나님이 쓰시는 귀한 미래의 지도자가 되기를 바라는 마음으로 영어 캠프를 유치하게 됐습니다."(익산 연동교회 이기준 목사)

이처럼 복음과 영어를 접목한 'CTS E-CAMP'는 감경철 회장의 반짝이는 아이디어 가운데 하나였다.

코리아 이스터 퍼레이드

• • •

CTS는 감경철 회장이 그리던 퍼레이드를 구상했다. 한국 교회총연합과 함께 2020년 4월 12일, '2020 코리아 이스터 퍼레이드(Korea Easter Parade)'를 개최하기로 한 것이다. 이 행사는 아시아 최초의 행사다. 또분열과 혐오의 공간으로 변질한 광장을 사랑과 기쁨과 하나 됨의 장소로 만들겠다는 취지에서 서울 광화문과 서울시청 일대를 장소로 정했다. 아울러 한국 교회의 역사성을 기억하고, 한국 교회의 정체성을 알리는 것이다. 그러나 2020년 2월에 코로나가 터지면서 안타깝게도 '코리아 이스터 퍼레이드'가 오프라인으로 진행되지 못했다.

"코로나가 터졌는데 어떻게 해야 할지 모르겠더라고요. 청사진까지다 그려졌고, 많은 교회가 참여하겠다던 상황이었거든요. 여기서 멈춰야 하나? 그런데 정말 감사하게도 비접촉(비대면)이란 것이 부상하고있었어요."

그래서 이스터 퍼레이드는 2년 동안 온라인으로 진행되었다. 그러나 이러한 행사를 꿈꾸고 준비해오는 과정에서 이미 많은 메시지를 전달했다.

"무산될 뻔했던 퍼레이드가 비대면으로 진행되면서 다시금 회복되고 살리시는 것을 3년간 세 번이나 경험할 기회가 있었거든요."

처음에는 이해의 폭이 좁았지만, 세 번을 걸치면서 퍼레이드에 대한 이해도도 높아졌고, 무엇보다 이것을 계기로 각 부서 간 소통을 많이 하게 되었다 한다. 제작팀과 긴 회의를 하는가 하면 브레인스토밍을 통해 협업의 훈련을 쌓았다는 것이다.

"아직도 많이 부족하지만 퍼레이드 초반보다는 지금 훨씬 더 많이 임원분들이랑 각 부서랑 소통도 하게 되었어요. 또 생각을 결합할 수 있는 노하우도 많이 생긴 것 같고요…. 소통의 문화가 점차 정착되어가는 계기가 되지 않았을까 생각합니다."

'코리아 이스터 퍼레이드'를 담당했던 김민태의 말이다.

"회장님이 뉴욕 메이시스 퍼레이드(*Macy's Thanksgiving Day Parade: 매년 메이시스가 개최하여 추수감사절에 열리는 퍼레이드로 오전 9시에 시작하여 약 3시간 동안 진행됨)를 보고 오신 후 몇년 동안 그 얘기를 하셨거든요. 저희가 처음에는 그게 뭔지를 머릿속에 그릴 수가 없어서 계속 흘려들었어요. 그러나 나중엔 회장님은 어떤 방향성을 가지고 우리가 보지 못하는 거대한 그림을 그리고 있다는 것을 깨달았어요."

나눔과 섬김, 그리고 감사

● ● ●

'1004명의 시각장애인에게 새 생명의 빛을'

CTS는 창사 이래 줄곧 가난한 이웃, 소외당한 이웃, 병든 이웃을 도왔다. 재정적으로 파탄이 났을 때도 이 행보를 멈춘 적이 없다. 한국 교회의 성도들이 이 선한 일에 동참하도록 TV 방송을 통해 장을 펼쳤다. 그 이후 '섬김과 나눔'은 CTS의 또 다른 별명이 되었다. 그뿐 아니라 대한민국 곳곳에서 '섬김과 나눔'을 노래하는 곳이 늘어났다. 마치 선한 바이러스를 퍼뜨리는 것 같았다.

그 대표적인 예가 〈예수 사랑 여기에〉이다. 〈예수 사랑 여기에〉는 CTS의 설립이념 가운데 하나인 '섬김과 나눔'을 대변하는 방송으로 1996년부터 지금까지 지속되고 있다. CTS가 IMF와 부도 위기를 겪을 때도 매주 방송되어, 지금은 CTS 최장수 프로그램이 되었다. 1996년 한국종합유선방송 협회로부터 우수프로그램상도 수상하였다. 2015년에는 후원금 200억 원을 돌파했다.

'섬김과 나눔의 해'로 정한 2002년, 부활의 정신을 실천하는

〈1004명의 시각장애인에게 새 생명의 빛을〉이라는 생방송 모금행사를 했다. 이 모금방송을 통해 하루 동안 당일 3억 120만 원이 모였다. 목표했던 3억을 넘는 액수였다. 실로암안과병원에 모금한 전액을 전달한 후, 생방송을 통해 최종 모금 결과와 미담을 시청자들과 공유했다.

> 기독교 텔레비전(사장 감경철 장로)과 2002 한국 교회 부활절 연합예배 위원회는 지난달 부활절을 특집으로 마련한 〈예수 사랑 여기에 - 1004명의 시각장애인에게 새 생명의 빛을 5시간 특별 생방송〉을 통해 조성한 개안수술비용 3억 120만 원을 실로암 안과병원에 개안수술비용으로 전달했다.(「크리스천투데이」 2002.04.19.)

그 후 2009년에, 또 창사 20주년을 맞는 2015년에도 진행되었다. 2015년에는 노량진 CTS 스튜디오와 코엑스 특설무대를 잇는 이원 생방송으로 진행했다. 이를 통해 시각장애인에 관한 관심이 사회전반부

1004명의 시각장애인에게 새 생명의 빛을

로 확산하였다. 〈1004명의 시각장애인에게 새 생명의 빛을〉은 CTS의 대표 사회공헌 캠페인으로 자리매김한 것이다.

이 외에도 2004년, 〈2004 소아암 돕기 공동기획-사랑은 희망입니다〉를 방송했다.

'북한 어린이에게 생명의 만나를'

2002년, CTS는 가정의 달 특집으로 〈북한 어린이에게 생명의 만나를〉이라는 프로그램을 특별방송했다.

방송을 통해 북한 어린이들의 기아 참상과 함께, 빵 공장과 배급현황 등을 본 많은 이들은 더는 주머니에 손을 넣고 있을 수 없었다. 쌈짓돈을 꺼내고, 곳간 문을 열어 한민족인 북한 동포에게 나눔의 손길을 뻗었다.

2002년 〈북한 어린이에게 생명의 만나를〉

울타리를 넘어

CTS의 나눔과 섬김은 국내라는 울타리 안에만 갇혀있지 않았다. 국내를 넘어 해외로 섬김과 나눔의 가지를 뻗었다. 오지에서 선교의 사명을 감당하는 사역자들을 찾아가 위로하는가 하면 난민과 고아에게 '빵'과 함께 '복음'을 전했다.

해외 위성 수신기 보내기

2009년, CTS 방송을 24시간 실시간으로 세계에 방송할 수 있게 되었다. 그다음 단계로 전 세계 오지에 있는 선교사들에게 위성 수신기를 달아주기로 했다. 이를 위해 '해외 선교지에 위성 수신기 보내기' 캠페인을 전개했다.

"저희는 사장님의 의도를 헤아리지 못했어요. 그래서 직원들 월급을 더 주면 감사하기라도 하지, 왜 허공에다가 돈을 낭비하냐고들 말했지요. 나중에 알고보니 너무도 귀한 사역이었습니다."

이 땅에 복음의 씨앗을 뿌린 외국인 선교사들에게 감사

감경철 회장은 늘 우리가 받은 복음의 빚을 갚아야 한다고 말한다. 그래서 그가 계획하고 진행하는 모든 프로젝트, 캠페인에는 받은 복음의 귀한 선물을 나누어야 한다는 마음이 깔려 있다.

2008년 11월 5일, 감경철 회장은 창사 13주년을 맞아 이 땅에 복음을 전하기 위해 자신의 삶을 헌신한 외국인 선교사들을 공식 초청했다.

2009년 5월, CTS와 감경철 회장은 은퇴한 선교사들이 모여 살고

2008년 11월 7일 블랙마운틴 선교사 방문

있는 미국 노스캐롤라이나의 블랙 마운틴을 직접 방문했다. 한국 땅에서 복음을 위해 일평생을 헌신했던 선교사들에게 위로와 감사의 마음을 전했다.

2012년 5월, 창립 17주년을 맞은 CTS는 미국 메노나이트 파송 선교사들과 그 가족 40여 명을 한국에 초청했다.

후원 감사의 밤 & CTS 비전 153 선포

"제가(이제선) 2011년까지 서울 본사에 있다가 감 회장님 오시고 나서 제주지사에 지원해서 거기서 근무했었는데, 2013년 5월 27~28일 대명 비발디 'CTS 후원 감사의 밤'을 했던 걸로 기억이 나요. 2011년 5월 17일 지사 설립 도와주시는 운영위원 목사님들이랑 다 모여서 'CTS 제주방송 개국 감사예배'를 드리며 뷔페 식사도 하고, 공연도 했던 기억이 나요. 제가 제주지사에서 일할 때 그 행사에서 첫 번째로 깃발 들고 입장한 사람이 바로 저였습니다. 제주도가 제일 멀리 있으니까 상징적으로 입장해서 깃발 들고 입장했던 거 기억나고 800여 명이 다 같이 모여서 지사 깃발을 흔들고… 그때 대단했었던 것 같아요."

이 행사는 CTS의 중요 계기가 되었다. 그 당시 지사 수가 20여 개였는데, 지사마다 깃발을 만들었다. 깃발에는 각 지사의 미션을 구호로 담았다.

이어 2013년 6월에는 'CTS 153 비전'이 선포되었다. 비전 153은 미디어 목회를 지원하는 1만 교회 앱 무료 제작, 침체한 교회학교 부흥과 전도를 위한 '5천 교회학교 프로그램 개설', 미디어 선교 발전과 한국교회 섬김 사업에 투자할 특별후원금 모금 프로젝트이다.

노량진 사옥 부지입찰 이야기는 유명하다. 간발의 차이로 내로라하는 대기업을 제쳤으니 말이다. 그러나 지사 사옥을 마련하는 과정에서도 데자뷰 같은 에피소드가 후에 두어 번 더 등장한다며 황우중 전무가 열심히 사례를 이야기했다.

그때 누군가가 "그럼, 책에 우리 회장님이 입찰의 대가라고 써야 하나요?"라고 물었다. 이 말에 모두 큰 소리로 웃었다. 황 전무는 난색을 보이면서도 끝까지 말을 이었다.

"우리가 하나님의 은혜라는 말을 자주 하는데, 하나님은 사람을 통해서 일하시지 않습니까? 하나님은 회장님을 사용하셨고, 회장님에겐 남다른 경영 감각이 있습니다. 이러한 것은 배워서 얻어지는 것이 아니에요. 하나님이 주신 달란트라고 할 수 있지요."

길고 긴 입찰 이야기를 글로 다 옮길 수는 없지만 듣는 내내 모두가 즐거워했다.

2부

다음세대, 미래를 준비하며

1. 저출생 늪에서 헤어나기

저출생대책국민운동본부의 뿌리

• • •

지하철을 타면 분홍의자가 눈에 뜨일 것이다. 임산부를 위한 자리다. 지하철 승강장 가림막에 부착된 시에 "둥근 달을 안은 임산부"라는 구절이 있다. 그리고 이 시는 "다음에 탈 때 그녀 손에 쫑알쫑알 분홍꽃 들려 있겠다"라며 다음세대의 탄생을 시사한다. 언제부터 지하철 안에 분홍색 자리가 생겼을까? 언제부터 CTS는 다음세대를 외치기 시작했을까? 한 직원은 이렇게 말했다.

"우린 방송국인데 우리가 저런 걸 왜 하지 이런 생각이 있었는데 돌이켜보면 회장님이 멀리 내다보시는 눈이 있었다고 생각해요. 요즘은 다음세대가 이슈잖아요. 어딜 가든 '다음세대'가 이슈이고 '출산율 급락'을 걱정하잖아요."

감경철 장로는 CTS에 사장으로 오기 전, 1993년 7월 29일, '화곡 유아교육 연구소'를 설립했다. 이 시기는 감 장로가 개인사업(익산 대표이사 회장)을 하면서 대외적인 활동을 하고 있을 때다. '화곡'은 감경철 장로의 호이다. 한 예로 1997년 5월 1일에는 강원도에 있는 왕산중학교 전교생과 교직원을 서울로 초청하여 KBS·국회의사당과 63빌딩 등을 견학시킨 일이 기사화되기도 했다.

이처럼 감경철 장로는 개인사업을 할 때부터 교육, 보육, 다음세대를 늘 키워드로 품고 있었다. 2005년 2월 21일, 노량진 사옥 준공 감사예배 전날 전야제에서 감경철 회장은 "CTS는 앞으로 영유아 보육 사업에 박차를 가하고"라며 영유아 보육에 관한 관심을 표명했다. 이어 2005년 7월 7일, CTS는 한국기독교총연합회와의 '영유아 보육추진 운동본부' 조인식을 했다. 이를 통해 한국 교회는 교회 시설과 자원을 지역복지시설로 개방하여 교회와 지역의 공동보육을 실현하는 '영유아 보육 선교' 사역을 통해 저출생 위기 해결에 나섰다. '영유아가 나라의 미래다'라는 슬로건 하에 CTS 영유아문화원은 전국의 교회가 어린이집을 만들 수 있도록 유도했다. 2006년 여의도순복음교회에 개원한 〈CTS 제휴 어린이집〉이 그 첫 열매였다. 그 후 전국적으로 약 40여 개 교회에 어린이집이 생겼다. 〈CTS 제휴 어린이집〉에서 활용할 수 있는 교육콘텐츠도 개발했다.

2006년 1월, 한국 교계 지도자들이 저출생 문제를 해결하기 위해 '생명과 희망의 네트워크'를 발족했다. 생명과 희망의 네트워크 발족 선언문을 통해 "저출생·고령화 문제를 해소하기 위해 기독교의 적극적인 노력이 필요하다"라고 밝혔다. 또한, 비그리스도인들도 동참할 수 있는 시민운동을 펼쳐나가겠다고 다짐했다. 사실, 이전의 '영유아가 나라의 미래다'라는 특별 프로젝트를 진행할 때, 일부 비그리스도인들의 항의 시위가 있었다. 이 점을 고려하여 이번에는 "비신자들까지도 동참할 방법을 제시해 실질적인 시민운동을 표방해 나가겠다"는 뜻을 밝혔다.

2010년 6월 15일 '출산 장려 국민운동본부'를 발족했다. 이명박 대통령 부인 김윤옥 여사가 명예총재로 위촉됐다. 여의도순복음교회 원로 목사이던 조용기 목사가 총재, 명성교회 김삼환 목사가 대표회장을 맡았다. 발족식에서 지금은 고인이 된 이어령 전 문화부 장관의 다음과 같은 영상 메시지가 전달되었다.

"생명과 사랑 두 가지를 잃은 나라는 출산율이 저하될 수밖에 없습니다. 고령화 사회에서 한국의 경쟁력을 키우기 위해서도 출산율을 높여야 합니다."

출산 장려 국민운동이 실효를 거두기 위해서는 각 가정과 교회와 정부, 또 기업의 협력이 필요한 것은 당연지사다. 2010년 11월, CTS는 보건복지부의 후원을 받아 '저출생 극복 및 출산 장려세미나'를 열었다. 세미나에는 200여 명의 목회자와 정부 관계자들이 참석했다. 이 당시에도 세계 최저 출산율, 최고 고령화 속도로 인한 고민이 깊었을 때이다. 그래서 정부 역시 2011년부터 제2차 저출생 극복 5개년 계획을 수립하고 이를 추진하였다. 감경철 회장은 앞서 출범한 '출산장려운동본부'를 통해 국민적 공감대 확산에 주력하겠다고 약속했다. 그때나 지금이나 감경철 회장은 "출산과 양육은 하나님이 기뻐하시는 일"임을 강조했다.

2015년에 이르러서도 우리나라 출산율에는 이렇다 할 변화가 없었다. 정부에서도 숱한 예산을 쏟아부었지만, 열매가 신통치 않다. 이해 6월 CTS 컨벤션홀에서는 '저출생 시대, 한국 교회는?'이라는 주제로 심포지엄이 열렸다.

감경철 회장은 CTS기독교TV의 최고경영인으로서 복음 전파 사역을 최우선 순위로 해왔다. 그의 경영 철학은 무엇일까? 감 회장은 어느 언론과의 인터뷰에서 이렇게 답한다.

"경영 철학이라고 할 게 특별히 없습니다. 오로지 한국 교회를 섬기고 이 땅에 복음을 전파하는 채널을 만들고자 하는 마음에서 온몸과 마음을 바쳤습니다. 그러다 보니 여러 가지 사역을 맡게 됐습니다. 이제는 한국 사회와 교회를 위해 다음세대 사역에 주력하고자 합니다. 광고 분야 기업을 운영하면서 경영의 여러 가지 원칙과 방법을 익히긴 했습니다만 그것보다 더 중요한 것은 열정과 헌신입니다."

그러나 감 회장은 CTS의 사시(社示)의 틀(① 순수복음방송 ② 섬김과 나눔의 방송 ③ 세계를 교구로 하는 방송) 안에서 사회적 요청에 부응하는 프로그램을 실천하기 위해 노력하는 것이 교회의 사명이라고 인식했다.

감 회장은 모든 인터뷰에서 늘 "저출생과 보육, 교육 문제"를 역설

해왔다. CTS가 한국 교회가 설립한, 한국 교회 최초의 순수복음방송으로서 미래 사회의 주역을 길러내는 일에 선도적 역할을 담당하는 것은 매우 주요한 사명이다. 그러나 이와 더불어 CTS는 모든 역량을 집중하여 저출생, 보육, 교육 문제의 대안을 제시해야 한다고 말한다. 이를테면 교회가 보유한 공간과 인적자원을 활용해 각 지역의 아이들과 부모들을 섬길 수 있도록 여러모로 노력해야 한다는 것이다.

2021년 설립된 CTS 다음세대운동본부는 '저출생과 돌봄'을 주요 아젠다로 삼았다. 그래서 각종 기자회견 때마다 이것을 피력했다. 교회의 돌봄 사역에 관한 연구 조사를 포함하여 다양한 연구와 조사 결과를 토대로 구체적인 저출생 문제 해결방안, 즉 한국 교회의 다음세대 돌봄 참여 확대를 강조하고 있다.

사실 '저출생과 돌봄'은 CTS가 추진하고 있는 다음세대 운동의 핵심 안건이지만 정부 정책의 핵심과제이기도 하다. 그리고 이 문제를 가장 효율적으로 또 지속해서 풀어갈 수 있는 장은 한국 교회다. 요지는 젊은이들이 결혼하고, 자녀를 출산하게 하려면 가장 큰 부담 요소인 자녀 보육. 돌봄 부담 문제를 해결해줘야 한다는 것이다. 물론 주택문제도 여기에 포함되겠지만 그것은 정부가 알아서 해결해야 하는 문제다.

저출생대책국민운동본부 출범

• • •

2022년, 대한민국은 저출생의 늪에 빠진 채 여전히 헤어나오지 못하고 있다. 저출생 문제는 인구소멸의 문제로 직결되고 국가의 존립 여부에까지 영향을 미친다. CTS는 다음세대가 희망이라고 부르짖는다.

저출생대책국민운동본부 출범식

2022년 8월 24일 프레스센터 국제회의장에서 범종교 '저출생대책국민운동본부'가 출범했다.

감경철 본부장은 환영사를 통해 "한 생명의 탄생에 대해 다 함께 축복하는 사회적 분위기를 조성하기 위해 종교계를 비롯한 사회 곳곳의 지도자들이 모여 뜻을 함께하게 됐다…. 젊은이들이 결혼하고 안심하고 아이를 낳을 수 있도록 전국의 종교시설을 활용해서 어린이 육아 돌봄센터를 앞으로 5,000개를 설립·운영할 수 있도록 지원하겠다."고 밝혔다.

본부장을 맡은 감경철 회장은 인구절벽의 위기에서 한국의 미래세대를 위해 다시 한번 앞장을 서게 된 것이다. 향후 저출생대책국민운동본부는 출생장려를 위한 네트워크를 구축하고, 다음세대를 위한 보육과 교육을 통해 지역사회에 공헌할 것이다. 한국사회의 정계, 학계, 종교계, 관련 단체 및 시민단체들과도 협력을 도모하여 더 나은 출생지원과 보육과 교육을 위해 활동할 것이다.

국제형 기독대안학교, CGS

● ● ●

2016년 6월 21일, CGS(Christian Global School)가 개교했다. CGS는 초·중·고교생들을 대상으로 성경적 교육, 성품 교육과 글로벌 교육을 펼치겠다는 취지로 설립되었다. CGS 이사장인 CTS 감경철 회장은 한국 교회와 한국의 부흥은 교육 선교에 달려 있으며, 지금 우리에게 주어진 사명이라고 강조했다.

CGS는 경쟁과 서열에서 자유로운 학교이다. 대신 학생들의 다양성을 인정하고 그들의 잠재력을 끌어내는 데 주력한다. 이를 위해 학급당 10명 이하의 소그룹 학급운영과 일대일 멘토링을 중시한다. 제대로 된 전인교육을 위해 예배, 해외문화·선교여행 등을 교육 일정에 포함한다. 모든 수업을 영어로 진행하며, CGS 졸업생들은 미국 홈스쿨링 교육 기관인 LCA로부터 미국 졸업장을 받는다. 따라서 졸업 후 미국을 포함한 전 세계대학에 입학할 기회가 주어진다.

"CGS는 크리스천 글로벌 스쿨이거든요. 기독 국제대안학교예요. 그래서 영어로 다 수업하는 거예요. 그동안 구호에만 그쳤던 기독대안학교를 시범 삼아 실제로 해보자는 취지에서 회장님이 만든 거죠. 도심

형 국제 기독대안학교의 샘플 학교예요. 사실 도심 한복판에, 그것도 방송국 빌딩 안에 학교를 만든다는 것이 쉬운 일은 아니에요. 일단 학교는 만들었는데 지원자가 없으니까 직원들에게 자녀를 보내달라고 간청했어요. 단 한 명이라도 있다면 학교를 시작하겠다면서. 지금은 학생 수도 40여 명이 되었고, 건물 3층을 거의 다 사용하고 있어요. 최대 수용 인원이 100명이라는 말을 들었어요."

"CGS는 감 회장님이 부르짖는 다음세대와 관련한 첫 작품이라고 할 수 있어요. 회장님의 교육 선교의 열매라고 할 수 있을 것 같고요."

"제가 지금까지 7년 차 아이들을 보내고 있고요. 초등학교 5학년부터 해서 지금 고2까지. 현재 두 아이를 보내고 있는데, 결과적으로 보면 일단 아이들이 희망의 뿌리를 잘 내릴 수 있었던 것 같아요. SOT 교재(School Of Tomorrow: 기독교계 홈스쿨 교재로 1단계부터 12단계까지 모두 영어로 되어 있음.)를 사용하고 있어요. 학습적으로는 자기 주도적 학습 습관이

CGS

길러졌고요. 제일 중요한 것은 우리나라에서는 사교육비 부담이 아주 크잖아요. 특히 CTS 직원들한테는요. 그런데 그 부담에서 벗어날 수 있었어요, 또 직원들에겐 큰 혜택입니다."(정준영)

CGS는 한국 교육환경 실정에 맞는 방과 후 교육 콘텐츠를 결합해 각 교회에서 운영하실 수 있는 일명 CGS 시스템을 갖추게 되었다. 또한 한국 교회 교육선교 모델학교가 되어 커리큘럼, 행정, 홍보, 조직, 시설 등 학교 운영과 관련된 노하우 대안학교 설립에 관심이 있는 교회에 전수하고 있다. 또한 기존 교회시설과 인적자원을 활용해 학교설립을 지원하고, 각종 연합대회를 개최해 전국 네트워크를 강화하고 있다.

"이제 회장님은 한 교회 한 학교를 세우자 하여 전국에 500개 기독 대안학교 설립이라는 목표치를 주셨는데, 지금은 국내외 모두 합하여 5,000개로 늘어났습니다. 이렇게 회장님의 비전은 끝이 없습니다."

2020년 4월 27일, CGS평택스쿨이 개교했다. 감경철 회장은 개교식에서 이렇게 말했다.

"… 10년이 넘는 기간 동안 다음세대를 살리고자 교회들을 설득하고 동참하길 기대합니다. 하지만 많은 교회가 관심을 갖고 있다고 말하지만 늘 우선순위에서 밀립니다. … 평화성결교회처럼 담임목사님이 직접 학교를 설립하고자 교육을 받는 크고 작은 교회들이 곳곳에서 생겨나고 있다는 데 희망을 봅니다. 교회가 학교를 세우는 사역을 통해 다음세대가 살아나고 교회가 살아나서 하나님 나라가 세워져 가는 데 크게 쓰임 받게 되리라 믿습니다."

다음세대 지원센터

● ● ●

감경철 회장은 다음세대가 대한민국의 희망이라고 늘 이야기했다. 2008년 10월, 이미 '제1회 CTS 기독교 대안학교 세미나'가 열렸다. 세미나 이후로도 CTS는 뉴스를 통해 기독교 대안학교의 특징과 장점을 집중 보도했다. 또한 기독교 대안학교와 관련된 특집 다큐멘터리를 제작하기도 했다.

드디어 2020년 2월 17일 'CTS 다음세대 지원센터'가 개소했다. 한국 교회의 미래는 교육에 있다는 확신이 열매로 나타난 것이다. 다음세대를 진정한 그리스도인으로 양육하려면 기독교 대안교육이 최선이다. 이를 위해 CTS 역시 지금까지 다음세대를 위한 여러 가지 사역을 하고 있다. 다음세대 지원센터는 기존 대안학교의 노하우를 나누는 거점이 되었고, 기독대안학교의 각종 프로그램 개발 및 교사 재교육, 신규교사 양성, 학부모 교육을 지원하고 있다. 또한 교회가 방과 후 학교, 대안학교 등을 통해 지역의 아동 청소년들을 돌보고 교육함으로써 부모들의 보육과 교육에 대한 부담을 줄여주고, 이를 통해 출산을 장려하는 일을 해 오고 있다.

설립 취지에 대해 감경철 회장은 이렇게 말한다.

"이 땅의 공교육이 무너지고 황폐해진 지 오래되었습니다. 학교에서는

10년 전만 해도 상상할 수 없는 일들이 일어나고 있습니다. 입시 위주의 줄 세우기 교육으로 수많은 청소년이 갈길 몰라 방황하고 있고 매년 5~6만 명의 학생들이 학교를 떠나고 있습니다. 우리의 교육이 위기에 놓인 것이 분명합니다. 그러나 '위기'는 '위험하긴 하지만 새로워질 좋은 기회'라고 생각합니다. 지금 이때 우리 하나님의 자녀들이 앞장서야 합니다. 위기에 놓인 공교육이 변화되고 달라지게 하려면 하나님의 교육 원리로 이 땅의 교육을 새롭게 하고 회복시키려는 교육 운동이 일어나야 합니다. 하나님의 말씀과 기도로 다음세대를 잘 양육하는 좋은 기독대안학교들이 많이 들어서서 본을 보이고 학교의 바른 모델을 제시해야 합니다. 우리 CTS 다음세대 지원센터는 이 땅에 세워진 하나님의 학교들이 건강하게 잘 세워져 가도록 각종 프로그램을 개발하고, 교사 재교육, 신규교사 양성, 학부모 교육강좌 등을 만들어 지원하려고 합니다. 또한, 앞으로 세워질 학교들이 잘 세워지도록 컨설팅하고 준비 과정부터 개교할 때까지 전 과정을 지원해 주는 역할을 감당하려 합니다. 지금은 미약하지만, CTS 다음세대 지원센터가 우리나라 교육을 변화시키고 건강하게 발전해 나가도록 하는 데 한 알의 밀알로 쓰임 받기를 간절히 소망합니다."

시대와 관계없이 청소년들은 늘 방황한다. 그러나 그 방황의 정도가 갈수록 심각해지고 있다. 이러한 문제의 해결책을 기독교 대안학교에서 찾고자 CTS 다음세대 지원센터가 탄생한 것이다. 사실 오늘날 한국의 공교육 속에서 기독교 대안학교를 세우는 것이 쉬운 일은 아니다. 그래서 전문적이고 구체적인 도움을 줄 기관이 필요하다. 무너진 교육을 새롭게 회복하고, 말씀과 기도로 다음세대를 양육할 학교설립을 돕는 일을 CTS 다음세대 지원센터가 지금 하고 있다. 지난 2년이라는 짧은 기간에 코로나 19 속에서도 많은 열매가 맺혔다. CTS 다음세대 지원센터는 갑자기 즉흥적으로 탄생한 것이 아니다. CTS가 25년간 대한민국과 한국 교회의 미래인 다음세대를 부흥시키는 교육 선교사역에 역점을 두고 꾸준히 전개한 노력의 결과물이다. 이런 중대 사역에 CTS가 주축이 되어 공식적인 단체가 출범했다는 것은 의미가 깊다.

다음세대 지원센터의 주력 사업은 '한 교회 한 학교 세우기'다. 다음세대에게 신앙을 이어줄 건강한 학교를 많이 세우겠다는 것이다. 이를 위해 기독대안학교 설립에 관심 있는 교회나 개인, 단체를 위해 준비단계부터 개교할 때까지 설립 컨설팅하고 있다. 또, 학교별 특색 있는 프로그램을 개발해 현장에 보급하고, 미인가 대안학교들이 법의 보호를 받으며 안전하게 교육할 수 있도록 법제화 작업을 추진하고 있다. (2019.1.24. '대안교육 법제화가 되었으나 세부적으로 해결할 문제들이 많이 남아 있어 이제 시작 단계라고 볼 수 있음) 아울러 대안학교 교사 재교육과 예비교사 양성, 원격교육연수원 운영, 학부모 교육 등 다양한 교육에도 힘을 쏟고 있다.

CTS 다음세대 지원센터에 문의하면, 전국의 기독대안학교들의 교육활동과 교육 계획서, 영상자료 등을 접할 수 있다. CTS는 다음세대 지원센터의 활동을 통하여 많은 결실을 이루도록 노력할 것이다.

2. 한국 교회 부모 되어
다음세대 세워가자

'한국 교회 부모 되어 다음세대 세워가자!' 2021년 7월 14일, 출범한 CTS 다음세대운동본부의 구호다. 출범식과 함께 기념 심포지엄도 진행했다. 늦어지는 결혼, 피하는 결혼, 저출생, 고령화 가속화, 청년 취업난, 코로나로 인한 경제 침체 등은 더는 사회문제에 국한되지 않는다. 만일 우리가, 한국 교회가 다음세대의 문제를 해결한다면 이러한 문제들도 함께 해결될 것이다. 이제 교회는 혀를 차며 다음세대가 점차 교회를 떠난다는 말만 하고 있을 수 없다. 한국 교회를 대표하는 CTS 역시 이 문제를 방관할 수 없다.

심포지엄에서 감경철 회장(다음세대운동본부 총재)은 지금이야말로 다음세대를 세우는 데 투자해야 할 시간이라고 말했다. 한국 근대사를 살펴보면 기독교 학교를 통해 많은 지도자가 세워졌다는 것을 상기시켰다. 이들에게 세상에서 필요로 하는 실력과 신앙을 함께 심어준 것은 바로 기독교 학교이다. 그러나 오늘날에는 신앙과 실력이라는 두 날개가 균형을 잃어버렸다. 일반 교육 속에서는 신앙을 심어줄 수도 키워줄 수도 없기 때문이다.

그래서 앞서 CTS는 다음세대 지원센터를 중심으로 '한 교회 한 학교 세우기 운동'을 전개했다. 이어 출범한 다음세대운동본부에서는 세 가지 운동목표를 제시했다.

1. 청년세대가 마음 놓고 결혼과 출산을 할 수 있도록 한국 교회가 자녀 보육과 교육환경을 마련해 도울 것이다.
2. 교회는 안전하게 자녀들을 맡길 교육 장소를 지역사회에 제공함으로 출산 후 자녀 보육에 대한 어려움을 겪고 있는 청년세대의 문제점을 해결할 것이다.
3. 교회가 가진 공교회성인 사회적 책임과 선교적 사명을 앞세워 다음세대와 지역을 섬길 것이다.

이를 위해 다음세대를 위한 캠페인과 교육 현장 지원을 적극적으로 지원할 것을 다짐했다. 이를테면 CTS 전국 지사를 통해 포럼과 세미나를 개최하고, 성공적인 다음세대 사역을 나누면서 한국 교회의 동참을 촉구할 것이다.

이제 우리 섬김과 나눔의 대상은 다음세대다. 예컨대 육아·보육, 교육을 교회가 책임지는 것이 곧 청년들의 결혼과 출산을 돕는 것이다. 사실 CTS는 2005년 8월 한국기독교총연합회와 함께 '영유아 보육 사명자 대회'를 개최하고, 영유아 보육 관련 프로그램 제작해서 송출했다. 그리고 관련 캠페인과 축제도 진행했다. 그 당시 "영유아가 나라의 미래"라는 외침이 최근 다음세대 운동으로 이어진 것이다.

"감경철 회장이 다음세대를 자꾸 반복하여 말씀하실 때, 그 당시 임직원들에겐 황당하기 그지없었어요. 그래서 이 일을 하는 것을 힘들어했는데, 시간이 지나고 지금 보니 다음세대를 섬기고 돌보지 않으면 이 나라에 미래가 없겠더라고요. 다음세대 지원센터, 다음세대운동본부, 저출생대책국민운동본부, 그다음엔 뭐가 또 나올지 모르겠지만 다음세대라는 컨셉은 계속 확산될 겁니다."(최현락)

저출생대책운동본부 출범식

3. 세계 선교와 재난 구호 활동

르완다

● ● ●

"지금 회장님, 르완다에 가 계시잖아요? 회장님 모시고 처음 그 땅을 밟은 게 저였어요. 2013년. 그때 케냐 쇼핑몰 테러가 났었어요."(강명준)

케냐의 웨스트게이트 쇼핑몰에 무장 괴한이 난입해 무작정 총기를 난사한 사건이 있다. 공교롭게 바로 이때 아프리카를 방문했다.

"우리 CTS 뉴스가 YTN보다 먼저 나갔어요."
이때 CTS는 이 사건을 단독 취재 보도했다.

여하튼 감경철 회장은 케냐의 신학교와 그 당시 성공적으로 잘 운영되고 있다던 미국인 대안학교를 방문하기 원했다. 그리고 이왕 아프리카에 왔으니 탄자니아와 르완다도 방문하게 되었다. 르완다에서 어느 선교사가 감경철 회장에게 어떤 부지를 보여주었다. 그 당시에는 길도 없고 허허벌판이었다. 그런데 그곳에 어느 선교사가 지은 양철지붕을 얹은 허름한 집이 있었다. 그리고 아이들은 새끼 줄로 엮은 공을 차고 놀고 있었다. 놀다가 목이 마르면 큼직한 통에 담아놓은 주스를 벌컥벌컥 마셔댔다. 그 땅을 본 감경철 회장은 '여기에 신학교를 지으면 참 좋겠다.'고 말했다. 그 순간 이미 아프리카 땅은 감경철 회장의 비전 한 구석에 자리 잡았다.

그리고 여기에 CTS가 들어와야 한다면서 개인 헌금으로 땅을 매입했다. 그리고 그곳에 나무를 심고 경계를 만들었다. 이것이 르완다 미디어센터의 시작이다.

2022년에도 감경철 회장은 14일간 아프리카 르완다와 탄자니아를 방문하고 돌아왔다. 그곳에서 감 회장은 르완다의 동아프리카 성경 대학에서 열린 '르완다 미디어센터' 개소식에 참가했고, 탄자니아에서는

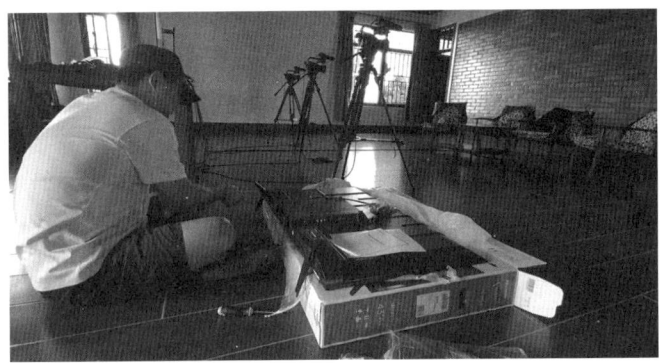

르완다 동아프리카대학 장비전달

아루샤 주정부와 국립보건소 건립 협약식을 맺었다. 140여 년 전 서구의 선교사들이 교육을 통해 한국의 발전을 이끌었듯이 이제는 "우리가 교육으로 그들을 도와야 한다"고 감경철 회장은 늘 말해왔다.

아프리카는 줄곧 서방국가의 착취 대상이었다. 최근에는 중국과 같은 대국이 인프라 투자를 내세워 침투하고 있다. 그러나 CTS인터내셔널의 아프리카 전략은 전혀 다르다. 그들에게서 무엇인가를 뜯어내기 위함이 아니다. 감 회장은 아프리카를 돕는 것은 곧 이 나라의 미래세대와도 연결이 되어 있다고 말한다. 르완다 미디어센터설립 목적에 대해 감 회장은 이렇게 답한다.

"교육을 통해 르완다 발전에 기여하기 위함입니다. 르완다는 아프리카 내륙에 있는 한반도 면적의 약 4분의 1에 불과한 작은 나라로 천연자원도 많지 않습니다. 벨기에로부터 독립 후 내전을 겪으면서 많은 어려움을 겪었지만, 교육으로 나라의 발전을 꾀하고 있습니다. 또한, 새마을운동을 벤치마킹해 농촌을 부흥하려고 합니다. 르완다가 4차 산업혁명 시대의 기본인 IT와 미디어산업에 필요한 인재를 양성하려는 의지를 갖고 있어서 이를 뒷받침하면 효과가 클 것으로 생각합니다. 르완다 미디어센터는 동아프리카 성경대 IT-미디어학과의 주요 교육시설로 4K 카메라와 중계시스템, LED 조명기기와 1인 크리에이터 방송을 위한 스튜디오를 갖추고 있습니다. 모두 CTS인터내셔널이 지원한 것입니다. 학과는 2023년 30명 규모로 개설될 예정인데 미디어센터에서는 영상 제작 실습 교육과 현지 방송사와 연계한 공동제작도 할 것입니다. 르완다에는 KT가 깔아놓은 IT 인프라가 있어서 IT 교육기반이 갖춰져 있습니다."(「동아일보」 2022.07.28.)

탄자니아

· · ·

르완다에서의 사역이 교육 선교라면 탄자니아 사역은 의료선교라고 말할 수 있겠다. 이를 위해 CTS인터내셔널은 탄자니아 지부를 설립하고, 한국 본부와 아프리카 선교사들을 잇는 다리 역할을 해오고 있다. 그리고 교육, IT 기술학교, 건강검진 지원, 우물, 교회 건축 등 그곳의 필요를 채우며 복음을 전한다.

"르완다가 교육 선교에 속한다면 탄자니아는 오래전부터 그쪽에 학교와 선교사와 관련된 보건 선교입니다. 교육 선교 의료선교를 해외를 통해서 비전을 이뤄가시는 것이고, 다음세대, 우리 후배들을 통해서 이어져 가기를 바라시는 거죠."

감경철 회장이 꿈꾸는 것은 우선 여러 선교지에 CTS 네트워크를 구축하는 것이다. 그리고 이 네트워크를 이용하여 현지 선교사들이 국내에 들어오지 않고도, 현지 뉴스나 선교지 소식을 영상으로 보낼 수 있다. 그뿐 아니라 선교사와 MK(Missionary Kids)를 위한 복지시설, 의료시설을 갖춘 미션타운을 설립하는 것이다. 이러한 비전은 이미 2013년부터 실질적으로 실행되어 온 것이다.

2022년 6월 감경철 회장은 탄자니아를 방문해서 아루샤 주 정부와 국립보건소 건립 협약식을 맺었다. 탄자니아 정부가 보건소를 세우기를 원하나 건축비가 부족했다는 소식을 듣고 지원하기로 한 것이다. 탄

2022년 6월 16일 탄자니아 키카티티국립보건소 개소식

자니아 정부가 이처럼 해외 종교재단에 도움을 요청한 것은 매우 이례적인 일이다. 아울러 보건소 운영에 필요한 간호인력 양성을 위한 간호학교 설립 요청도 받았다. 향후 CTS인터내셔널은 건축비와 인력을 제공할 것이다. 간호학교 설립 부지는 이미 확보된 상태며, 교수진, 설립요원, 운영진 구성을 준비하고 있다. 이를 위해 탄자니아 정부는 의료봉사단의 비자 발급 및 각종 행정편의를 지원하기로 했다. 간호전문대학으로 시작하지만, 장기적으로는 4년제 대학으로 승격하는 것을 염두에 두고 있다.

선교 아카이브 구축

● ● ●

최근 아프리카를 다녀온 감경철 회장은 한국 선교사와 선교단체 자료를 모아서 디지털 아카이브 구축하겠다는 꿈을 이렇게 밝힌다.

"우리가 전에는 국내에서만 바둥바둥했는데, 언제부터인가 세계선교에 눈을 돌렸지요. 지금은 해외 선교 기관들도 참 많아요. 대부분 미국을 포함한 서방국가의 모델을 따르고 있습니다. 저희가 지금 CTS멀티미디어센터에 선교 아카이브를 만들어, 한국에 있는 모든 선교 기관들의 관련 자료들을 모아 체계화시키면 좋겠습니다. 선교에 관심이 있는 사람이 무작정 해외로 나가기 전에 웹사이트나 문서자료를 통해 필요한 정보를 얻을 수 있도록 말입니다. 미래 비전을 공유하면서 구체적인 활동 지침을 결정할 수 있도록 도와야죠. 앞으로 지역팀을 만들어서 본격적으로 하려고 그래요."

"아프리카 같은 데 가보면 정말 우리 60년대와 똑같은 생활을 하고 있습니다. 그때 한국에 선교사들이 와서 유치원을 짓고, 병원을 짓고, 학교를 지었던 것처럼 우리가 아프리카와 같은 곳에서 그렇게 해야 해요. 앞으로 많은 일이 벌어질 것입니다."

감경철 회장의 말이다.

3부 ─

광야 시절, 환난과 연단을 지나며

1. 기억을 더듬다

'순수복음방송', 기독교TV 탄생 이야기

• • •

80년대까지만 해도 영상을 시청하려면 옥외 안테나선을 TV에 연결해야 했다. TV 자체가 아무리 좋아도 수신감도가 약하면 화질이 떨어지고 잡음이 심했다. 따라서 시청자들은 가능한 한 옥외 안테나를 높게 높게 올리려고 애썼다.

반면에 케이블 TV는 동축케이블로 프로그램을 전송하기 때문에 화질이 선명하다. 처음에는 전파가 잘 도달하지 않는 지역을 위해 이용되었다. 즉 공동수신 안테나를 설치한 후 케이블을 통해 공중파 방송을 각 가정으로 전달했다. 이러한 유료텔레비전 방송사업체가 지역별로 등장하기 시작한 것은 90년대부터다.

사실 유선 TV 방송사업의 역사는 60년대, 70년대로까지 거슬러 올라간다. 관련법 시행령이나 사업자허가 기록을 토대로 한 것이다. 1991년 12월 말, 종합 유성 방송법이 제정되었고, 이듬해 7월 초에 시행되었다. 그러나 이런저런 이유로 지체되다가 1993년에 이르러서야 종합유선방송에 다시 무게가 실리면서 업체별 허가신청을 받기 시작했다.

그 가운데 종교 채널은 크게 기독교, 천주교, 불교로 분류되었다. 그리고 각 종교당 1개 채널만 신청할 수 있었다. 드디어 기독교계가 들썩이기 시작했다. 그때나 지금이나 문제의 뿌리는 같다. 서로서로 하겠다며 헤게모니 싸움이 시작되었기 때문이다. 이른바 보수와 진보, 메이저와 마이너 교단 사이의 분열과 갈등이다. 이로 인해 사업자선정이 마냥 늦어졌다. 결국, 한국 교회 단일 컨소시엄 구성이 불가피해졌다. 워낙 교단 수가 많은지라 이 과정 역시 만만치 않았다.

마침내 개신교 주요교단들이 모여 '한국기독교 유선 TV 방송' 설립 추진위원회를 구성하였다. 정부는 이 위원회를 컨소시엄으로 인정했다. 사실 불교가 "32번 채널", 가톨릭이 "33번 채널"을 허가받았으니 우리 기독교는 "31번 채널" 또는 "34번 채널"을 받는 것이 마땅했다. 그러나 컨소시엄 구성 1여년 만에 '채널 42번'을 받게 되었다.

영상 선교라는 기치 아래 86개 한국 교회 공 교단이 연합했다. 그리고 이 가운데 절반에 해당하는 43개 교단이 주주로 들어왔다. 그 당시 주식회사로 유선 방송 사업을 하려면 법인을 만들어야 했기에 주식회사가 출범한 것이다.

'한국기독교 유선 TV 방송'은 'KCTS(기독교TV)'로 이름을 바꾸었다. 그리고 1995년 12월 1일 첫 방송을 송출했다.

이에 앞서 10월 1일에 시험방송을 송출했다. 그렇다면 창사 기념일은 언제로 할 것인가? 법인 설립일을 기준으로 1994년으로 할 것인가? 아니면 본방송을 송출한 95년 12월 1일로 할 것인가 의견이 분분했다. 그러나 대체로 본방송 일을 창사일로 정한다는 말을 따르기로 했다. CTS는 한국교회100주년기념관을 떠나 강남구 대치동에 있는 기독교대한성결교회 총회회관에 12억 전세 보증금을 주고 들어갔다. (*그 당시 성결교단은 순위 4위의 주주 교단) 그러나 교단 간의 알력도 떨쳐내지 못하고 함께 이사했다. 성결교단 대치동 본관을 일부 개조해서 사용했고, 그 옆에 있는 5층 별관은 사무동으로 사용했다. 주로 방송 제작 기술직원들부터 보도 일반 사무직원들이 이곳에서 일했다.

우선 초창기의 기억을 나누었다. 처음에는 무슨 말들을 꺼내야 할지 고민하는 듯 입을 다물고 있었다. 잘생겼다고 나를 입사 선서를 시키더라며 농담 어린 말로 최현탁이 먼저 운을 뗐다. 최현탁은 공채 1기 출신이다.

"공채 1기로 들어왔는데 그 당시 약 140명을 뽑았어. 내가 지원한 자리는 경쟁률이 150:1이었지. 들어오긴 했는데, 혼자서 업무를 소화하기엔 역부족인 거야. 그래서 한 명 더 뽑아야 한다고 제안했어. 그 당시 총무국장이던 J 장로가 나에게 봉투 셋을 내밀면서 이 가운데 한 사람을 뽑으라고 했는데, 그 사람이 바로 김근우야."

이어 너도나도 한마디씩 했다.

"이야기가 어떻게 보면 기억하는 영역이 다 다른 것 같아요. 그러니까 이야기를 하다 보면 진짜 진실이 아닌…. 영역 안에 있는 사람, 즉 방송의 어떤 영역 안에 있는 사람과 아닌 사람들 간의 기억에 차이가 있을 수도 있고."

"흔히 교단의 갈등이라고들 표현하지만 반면에 교단 간의 일종의 나눠먹기식의 경영도 심했다고 할 수 있습니다. 저는 교단의 배경도 없는 상태에서 들어왔지만, 다른 몇몇 직원들은 스펙도 화려하고 배경도 좋았습니다. 소위 SKY 출신이 줄줄이 있었고, 교계 총회장님 배경도 명함조차 내밀기 곤란할 정도로 화려했습니다."

이런 말이 나오게 된 배경을 설명할 필요가 있다. 그 당시 임원들이나 간부들은 거의 다 교단에서 파송되었다. 이것은 각 교단에서 대표를 파송했고 인사권을 쥐고 있었다. 따라서 지분이 크면 경영에 참여할 자리도 많았다. 이러한 상황을 한 직원은 "나눠먹기식의 경영이 이뤄졌다."고 표현했다.

특정 정치적 배경이 회사 경영에 직접적인 영향을 미친다면 원만한 성장이 이뤄질 수 없다. 이것은 곧 제작 현장으로까지 이어졌다.

그때 불쑥 누군가가 물었다.

"피사의 사탑 생각나?"

그러자 한바탕 웃음이 터져 나오면 "알지."

내용인즉,

"대치동 시절, 우리가 5층, 6층 천장을 허물고 대형 스튜디오 겸 강당을 만들었어요. 내부공사를 하면서 건물이 약간 기울어진 듯합니다. 멀리서 보면 기울어진 것이 확연하여 우리끼리 '피사의 사탑'이라고 불렀지요. 그래서 점심 식사를 마치고 나면 서로들 안 들어가려고 했어요. 건물이 붕괴할까 봐. 그런데 지금까지도 무너지지는 않았어요."

비 오는 날의 에피소드도 빼놓을 수 없다. 예컨대 녹화 중 장맛비라도 오면 비가 샜다. 그때마다 물받이 그릇을 너덧 개씩 가져다 놓고, 물이 차면 쏟아버리곤 했다. 그러나 지금은 이 모두가 즐거운 추억으로 남아 있다.

방만한 경영과 경영진의 오판

• • •

모든 개인과 단체와 기업에는 새내기 시절이 있다. 새내기 시절엔 응원과 갈채가 넘쳐난다. CTS 역시 마찬가지다. 방송 초기에 많은 시청자로부터 사랑을 받았다. 그 초창기 27개 PP(Program Provider: 방송채널사업자) 가운데 프로그램의 양이나 질에서 우선순위를 차지했다. 반면에 새내기 시절에는 자원이 풍성하지만, 전문성은 부족하다. 새내기는 아직 어리고 미숙하지만, 무엇이든 해낼 수 있다는 자신감이 넘친다. 꿈은 원대하지만, 손발이 미처 따라주지를 못한다. 따라서 중구난방으로 이

일 저 일을 벌이다가 현실적 균형감각을 잃고 만다. 이러한 시행착오가 성장의 필수 단계이기는 하다. 그러나 그 기간이 장기화하거나 정체 상태라면 무너지는 것은 시간문제다. 즉 눈앞의 난관을 해결하지 못하고 비정상화에서 벗어나지 못한다. 이를테면 경영 능력의 부재는 경영난으로 이어지는 것이다. 경영난의 주원인은 전략과 분석의 부재다.

결국 논지는 비전문인의 경영과 방만한 경영으로 모아졌다.

"하여간 무진장 써댔어요. 뛰어난 프로그램을 만들어보겠다는 의욕 때문에 일단 퍼붓는 쪽을 선호했거든요. 한 예로 한 부서의 부장이 전권으로 결재할 수 있는 액수가 2억에 달했고, 그대로 집행되었어요."(박성진)

1995년, 135명의 필요인력이 세팅되었다. 이어 1996년 초로 넘어가면서 150여 명으로 늘어났다. 여기에 외주인력이 보태지니 200여 명이 되었다. 이 당시 케이블 방송계의 임금수준을 살펴보면 현대 방송이 대기업의 80% 정도로 제일 높았다. 들리는 말에 의하면 CTS 역시 현대 방송(HBS)에 따르는 급여였기에 초창기엔 모두가 부르주아라는 말을 들었다.

"초창기에는 거의 모든 사람이 일종의 부르주아 형태가 되어 있었던 것 같습니다. 지금은 회장만 기사가 딸려 있지만, 그 당시에는 사장, 부사장, 전무 모두에게 차량과 기사가 제공되었어요. 그뿐 아니라 고가의 장비, 방송 중계차에 지나친 투자에 치중했어요. 12t에 달했어요."

(나중에 경영체제가 바뀌면서 대형 중계차는 비용 문제만이 아니라 효율성 문제로 소형 중계차로 바꾸었다. 덩치가 작으면 길이 좁아도 자유롭게 드나들 수 있었기 때문이다.)

부도의 전조현상들이 나타나기 전부터 회사의 미래를 우려하는 직원도 있었다. 회사가 돌아가는 모양새나 재정에 대해 우려가 깊었던 한 직원이 말했다.

"이대로 가다가는 3년 안에 망하지, 안 그러면 내 손에 장을 지지지."라고 말했다가 어머니한테 꿀밤을 맞기도 했습니다. 예수 믿는 사람이 말을 가려서 해야지, 왜 그런 악담을 하느냐고 하시더군요. 그래도 저는 우겼지요. 이 상태로 계속 가다가는 큰일 난다고요, 망한다고요. 그런데 IMF가 오면서 제가 말한 지 3년도 안 돼서 부도가 났어요. 그리고 저는 그런 말한 죄 때문인지 구조조정 당해서 잘렸어요."

급여에 관한 이야기가 나오자 설전이 오고 갔다. 이를테면 급여가 높다는 말을 들었는데 입사해보니 아니더라는 사람도 있었고, 모 방송사 출신 아무개는 1억 원을 받고 스카우트 되지 않았느냐며 진짜 높았다고 말하는 사람도 있었다.

이러한 현상이 나타나게 된 가장 큰 이유는 TV 방송국이라고는 하지만 TV 방송의 경험자가 없었기 때문이다. 그래서 TV 방송 경험자들을 스카우트하려다 보니 CBS는 물론 KBS, EBS 등으로부터 스카우트해야 했다. EBS에 준하는 방송 프로그램을 만들겠다는 강한 의지 때문이기도 했다.

이러한 성장 욕구는 인력 구성에서도 드러났다. 즉 신앙적인 면보다는 기능적 면에 우선순위를 두었다. 그 결과 술·담배를 즐기는 직원들이 꽤 많았다. 그래서 식당이라도 빌려 제작본부 회의를 할 때면 술이 늘 준비되어 있었다.

서로 보듬기보다는 각자 노는 갈라진 마음, 또 하향식 경영과 권위주의, 아래 직원에게 무조건 충성을 강조하는 리더십 등, 세상의 일반 기업보다 못하면 못했지 별로 나을 것이 없는 분위기였다고 한 직원은 말했다.

"그리스도인으로서 제대로 된 리더십이라면 문제에 직면했을 때, 아래 직원들을 격려하면서 '기도합시다.', '고생이 많습니다.'라고 말하는 것이 당연하지 않습니까? 그런데 '똑바로 안 하면 죽어!'라는 분위기였습니다. 은연중에 충성 맹세를 강조했지요. 부서 간에 알력과 갈등이 심화되다 보니. 출근하자마자 국장끼리 서로 욕하며 싸우는 모습도 봤습니다."

이 당시 회사에는 "한국 교회의 화해일치"라고 쓰인 큰 액자가 걸려 있었다. CTS의 사훈 같은 것이었다. 그러나 그 액자를 매일 보는 임직원들의 실상은 화해일치와는 거리가 한참 멀었다.

비전문가의 경영으로 인한 지진 전조현상들이 창사 초기부터 보였지만 제2회 주주총회 영업 보고에는 전혀 드러나지 않았다. 그러나 임금체불로 암반이 흔들리면서, 지진파의 전달 속도는 빨라졌다. 이로 인

대치동 사옥에서 나오는 모습

해 가정을 이끄는 가장으로서 터놓고 이야기도 못하고 끙끙대는 직원들이 나타났다.

"몇 년, 몇 월부터인지 모르겠으나 10개월 정도 월급이 안 나왔잖아요? 그러다 보니 제가 결혼하면서부터 들었던 적금, 보험이 거의 10개 정도 됐었는데, 그걸 다 해지하게 되었어요. 차마 누구한테 얘기는 못하겠고…. 그리고 저희가 나중에 감 회장님 오셔서 여차여차 정리하면서 10개월분을 받았는데, 예를 들어 밀린 월급이 100만 원이면 그중에 20만 원을 주식전환, 20만 원은 헌금, 그러니까 60만 원을 받은 거예요."(기정서, 현 제작본부 국장)

이와 같은 마구잡이식 경영으로 인한 후유증은 갈수록 심각해졌고, 오래 지속되었다. 직원들의 살림에도 큰 구멍이 생겼고, 그것을 기꺼이 감수했다. 입사 초기라 특별하게 친해진 사람도 없는 일반 직원들의 경우 속내를 이야기할 대상을 찾지 못했다.

"감 사장님, 그러니까 현재 감 회장님이시죠. 여하튼 그분이 오시기 전 네 분 정도 사장님이 계셨어요. 짧게는 몇 달만 그 자리를 지키신 분도 있습니다. 그 무렵 저희 직원들 입장에서는 누군가 와서 어려운 상황을 해결하기만 바랄 뿐이었지요."

초대 사장 L 장로가 있었고, 경영 악화 이후에 세 분이 수습 또는 대행 체제로 유지했다. 결국은 부도처리 된 이후 감경철 장로가 제5대 사장으로 취임했다. 그러나 일반 직원들은 사장이 여러 번 바뀌었다는 것, 모두 잠시 있다가 사라진 것으로 기억한다. 그리고 이들은 그러한 지도체제가 직원들의 불안감을 더하고, 신뢰감을 잃게 했다며 다소 부정적인 말을 한다.

"회사는 어려운데 자금을 오용하신 분들도 계십니다."

이 부분 역시 안타깝지만 펙트라고 말한다.

교단은 교단대로 싸움을 멈추지 않았고, 직원들 역시 마음이 갈라져 있었다. 결정권자인 사장은 방송에 대한 경험이 없다 보니 무조건 의견을 수렴하면서 제작비를 펑펑 썼다. 이렇게 둘 사이의 균형이 깨지고 나니 알력이 가시화되었다. 따라서 이 당시를 진단하며 한 직원은 말했다.

"아마 하나님의 입장에서는 뭔가 정리가 필요하지 않았을까요? 교단 내 정치적인 배경이라든가 직원들 사이에 갈라진 마음들, 예배는 드려도 거룩하지 않은 뭐 그런 부분들 말입니다."

그럼에도 눈물과 기도로 지금까지 남아 있는 당시 사람들이야말로 오늘날 CTS의 밑거름이 아닐까?

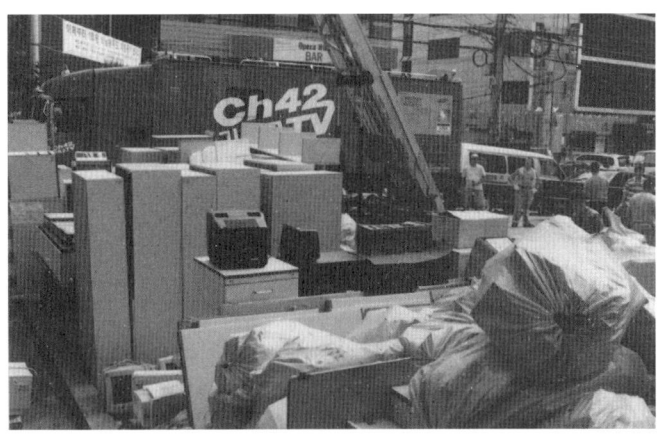

대치동 사옥에서 나오는 모습

2. 표류하는 CTS

초기 자본금, 순수 자본금은 165억원이었다. 그 무렵 시청자 가구 수는 50만이 채 안 되었다. 그러나 월 제작비는 4~5억 원에 달했다. 결국 초기 자본금은 다 까먹고, IMF 외환위기와 더불어 부도라는 재앙을 만나고 말았다. 다시금 큰 자본금을 끌어왔지만, 그것도 금세 소진되었다. 그 당시만 해도 CTS에 거는 기대가 아주 컸기 때문에 사장이 대형 교회 방문해서 인사만 해도 1억 원 정도를 받아왔다. 그러다 보니 경영자는 안일한 생각을 가졌을 수도 있다는 것이 직원들의 생각이었다.

"우리가 이제 물에 빠져서 익사하기 직전인데도 그런 어쨌든 위기감에 대한 의식이 별로 없는 거죠. 큰 교회 가면 그렇게 해 주시니까."

CTS는 부도 이후 표류하며 누군가 구조선을 보내기만 기다리고 있었다. 부도 이후 감경철 장로가 사장으로 취임하기까지 시점별로 일부 언론보도를 살펴보면, 그 당시에는 쉽게 볼 수 없었던 하나님의 섬세한 인도하심을 볼 수 있을 것이다. 또한 하나님이 감경철 장로를 부르셨다는 것을 인정하지 않을 수 없을 것이다.

앞서 언급했듯이 CTS는 한국 교회 연합으로 출범했다. 새내기 시절의 CTS는 비전문가들이 모여, 전문가들을 스카우트하는 방식이었다. 경영 또한 비전문 경영인들이 주도했다. 그 와중에 교단의 정치적인 싸움판은 지속되었다. 산재한 난제 해결을 위해서는 아무래도 헤쳐모이는 과정이 필요했던 것 같다. 1997년 외환위기를 통해서 결국 부도가 났고 일련의 과정을 통해서 2000년 감경철 장로가 제5대 사장으로 취임하여 정상화의 계기를 마련하게 되었다.

경영 정상화를 위한 자구책 마련

• • •

유사 홈쇼핑

"기독교 교단이 공동출자 한 케이블방송 CTS가 한미은행 선릉지점에 돌아온 만기어음 9억 9천만 원을 제때 갚지 못해 8일 최종 부도 처리됐다."

1998년 4월 9일 모 일간지에 실린 기사의 일부이다.

(정확한 날짜는 1998년 4월 7일로 외환은행 선릉지점에서 부도가 났음.)

대한민국 최초의 영상 선교 기관으로 부르심을 받았다고 확신하던 직원들로서는 새로운 신앙적 갈등을 겪지 않을 수 없게 되었다. 예컨대 하나님의 일이니, 부도가 나서 월급이 나오든 안 나오든 그냥 자리를 지키고 있는 것이 옳은지 아닌지 알 수가 없었다. 게다가 지금은 다들 중진들이지만 그 당시에는 젊은 나이였다.

"부도는 났지만 그래도 하나님이 남아 있어라. 아니면 떠나라 하는 어떤 사인(sign)이라도 주시면 좋겠는데 그게 없는 거예요. 현실은 굉장히 어렵고, 가정과 아이들에게 필요한 것을 못 채워주니까. 인간적으로 생각하면 정말 이 몇 년이 15년 정도로 느껴질 정도입니다."

회사가 빨리 정상화되어야 한다는 것은 모든 직원의 바램이었다. 그 와중에 교단을 대표하던 몇몇 사람이 초대 사장 L 장로가 물러나면 교단에서 출자할 것이라는 말을 했다. 그 말을 곧이곧대로 받아들였던 몇몇 직원대표는 총대를 메기로 했다. 그리고 사장에게 용퇴해달라는 의사를 밝혔다. 그래야 교단에서도 출자할 것이고 회사도 정상화될 것이라며 간청했다. 그 말을 듣고 버럭 호통을 칠 줄 알았는데 침착하게 고개만 절레절레 흔들었다. 그리고 순진하게 그런 말 믿느냐면서 자기가 나가더라도 출자하지 않을 것이라고 말했다. 그리고 나갈 뜻을 전혀 비추지 않았다. 그러나 이후 구조조정이 있었고, L 사장은 이사회에서 해임당했다.

그 후 사장이 여러 차례 바뀌었지만 길어봤자 1년이고, 모두 몇 개월 만에 자리에서 물러났다. 초대 사장이던 L 장로의 말대로 교단으로부터 추가출자는 없었다. 사장만 계속 바뀔 뿐 회사의 재정 문제는 하나도 풀리지 않았다. 그 와중에 직원들은 급여를 계속 받지 못하고 있었다. 그래도 회사를 살려보자고 자녀의 돌 반지를 헌금하는 사람도 있었다.

그래도 아침 예배는 매일 드렸다. 그러나 예배를 마치고 나면 사람들이 보이지 않았다. 대다수가 소망을 잃고, 어찌해야 할지 고민을 많이 했다. 발 빠르게 다른 곳에 취업한 사람들도 있다. 이따금 그들이 음료수라도 사 들고 격려차 찾아오면 남아있는 직원들은 다시 한번 갈등에 빠졌다.

"부도가 나니 방송 제작은 하나도 못 했어요. 왜? 봉급이 나와야 기분 좋게 일을 하지 돈도 안 나오는데 제작을 어떻게 하나? 제작비도 없는데, 우리 직원들이 봉급은 못 받아도 〈예수 사랑 여기에〉라는 구제 프로그램은 제작했어요."(박성진)

직원들이 출근은 하지만 그냥 맥없이 손 놓고 앉아 있을 수밖에 없었다. 결재권자도 없고, 할 일도 없고, 뭘 해야 할지도 모르는 채 무미건조한 시간을 보냈다. 그러다 보니 삼삼오오 모여 도시락을 사다가 먹거나 인근 식당서 식사했다. 개중에는 아예 차를 몰고 제부도까지 가서 술 한잔 걸친 후 곧장 퇴근해버리는 사람들도 있었다. 이렇듯 무료하게 시간을 죽이고 있다는 것만큼 큰 고통은 없었다. 그런데도 이러한 과정을 용케 잘 견딘 사람들이 지금까지 남아 일하고 있다. 각 사람의 사정이 다르고, 서로 그 속내를 알 수는 없어도 언젠가 정상화가 되지 않겠느냐는 소망의 줄을 놓지 않고 기다린 사람들이다. 그야말로 기다림의 영성을 보여줬다고나 할까?

그런데 아이러니하게도 시청자들은 아직 CTS가 부도가 났다는 사실을 제대로 몰랐다. 재방이 되었든 본방이 되었던 일단 TV를 켜면 늘 방송이 나왔기 때문이다. 재방이라는 것을 알아챈 시청자들도 그 이유까지는 알지 못했다. 그 당시만 해도 시청자 수가 그리 많지 않았다. 그런데도 광고가 들어왔다. 케이블TV 방송 중간에 나가는 인포머셜(infomercial:information+commercial) 홈쇼핑으로 유사 홈쇼핑이라고 부른다. 홈쇼핑과 다른 점이 있다면 실시간 방송이 아니라 녹화 형태의 상품 판매 방송이라는 것이다.

"지금도 기억해요. 합정동 사거리에 있던 '그랑띠아 홈쇼핑'이라고, 거기서 연령대에 맞는 홈쇼핑 광고를 제작해서 4분, 6분, 8분, 10분짜리 광고를 틀어주면 얼마를 준다 했는데, 그것으로 수입을 잡았어요." (최현탁)

이어 이제선이 다음과 같은 말을 하자 참석자들 사이에 웃음소리가 잔잔히 퍼져나갔다.

"제가 그때 송출실에서 MD(Master Director)하면서 편성에 관여했었는데, 사장님(최현탁 사장 지칭)이랑 김근우 씨랑 두 분이 저 귀여운 미소를 지으시며, 저한테 테이프를 주고 틀어달라고 하셨습니다. 그것도 아주 여러 번."

부도 이후 교단에서는 단 한 푼도 들어오지 않다 보니 이런 식으로 직원들이 힘을 모아 우리끼리라도 일단 입에 풀칠해야겠다는 일종의 소극적 자구책이었다. 우스갯소리로 그 당시 유사 홈쇼핑으로 굴비를 판매하는 곳이 있었는데 이 시기에 급성장했다고 한다. 왜냐하면 성도들이 방송국 사정을 알게 되니, 굴비라도 많이 사주면 방송국에 도움이 될까 해서 매출이 늘어난 것이다. 정규프로그램의 흐름을 깨는 단점이 있었지만 무시할 수만은 없는 수입원 역할을 했다.

지금이야 모두 아련한 추억처럼 웃으며 말할 수 있지만, 그 당시에는 모두가 절박했다. 그러나 CTS는 경영 정상화의 길을 꾸준히 걸으면서 2005년 3월 31일에 큰 결단을 내렸다. CTS는 순수복음방송이라는 정체성을 재천명하면서 '유사 홈쇼핑 광고'를 폐지하기로 한 것이다. 설교 방송이 끝나자마자 갈치 팔고, 옷 팔고 하는 것이 예스럽지 못하다는 판단이었다.

방송 설교

방송 설교도 새로운 수입원 역할을 했다. 방송 설교가 시작된 시점에 대해 기억이 서로 엇갈렸지만, 곧 교통정리가 되었다.

"제가 궁금한 게 있습니다. 저는 12월에 갔거든요. 공채로. 그때 S 국장님과 K 제작국장님이 면접을 보셨는데, 제가 올 때만 해도 이 회사는 절대 안 망한다는 말을 들었습니다. 왜냐하면 설교가 있어서. 그러니까 각 교회에서 들어오는 설교는 저희가 독점했거든요. 그때만 해도 말이죠."

이에 대해 최현탁은 그 당시 상황을 이렇게 설명했다.

"95년 12월에 왔으면, 그때엔 설교가 없었어. 내 기억으로는. 그 당시 우리 사무실이 성결교단 본관 9층에 있었어. 그때 창원의 양곡교회

사무장이 가방을 메고 찾아왔어. 왜 오셨냐고 했더니 사무장이 하는 말이 우리 교회 통장엔 7만 원밖에 없는데 우리 지용수 목사님께서 방송 설교를 하고 싶어 하십니다. 그래서 내 기억으로는 지용수 목사 설교가 방송 설교 1호야."

그 무렵 방송 설교를 해야 하느냐 말아야 하느냐 고민하고 있었다. 만일 방송 설교를 한다면 기술적인 면에서 어떻게 할 것인가? 녹화 테이프를 사용한다면 그것을 어떤 식으로 받아올 것인가? 직접 가서 촬영한다면 어떻게 할 것인가? 주일성수를 못할 수도 있지 않으냐는 등의 고민이 있었다. 그때만 해도 주일날 오전 예배시간에는 방송을 할수 없었다. 방송 설교를 듣는다고 주일날 교회에 나오지 않는 사람들도 있지 않겠느냐는 우려가 있었기 때문이다. 그래서 주일 오전 방송을 3년 정도 하지 않았다.

그러나 재가 장애인이나 병원에 있는 환자나 보호자들로부터 요청이 왔다. 이사회에 건의해서 주일 오전도 방송을 할 수 있게 되었다. 그후 방송 시간이 24시간 방송으로 바뀌었다.

이 부분에 있어서 이견이 있었다. 주일 오전에만 방송했다고 기억하는 사람과 아니라는 사람의 기억이 엇갈렸다. 주일 오전에 방송했다고 기억하는 직원의 경우 "제 기억에는 오전에 방송하고, 김영삼 대통령 다니던 교회에 가서 예배를 봤거든요, 매주."라고 말한다.

중재를 위해 정현주도 기억을 소환해보았다. 그러나 "잘 기억이 안나요, 그렇지만 MD였으니 더 정확히 기억할 것 같아요."라며 이제선의 기억에 무게가 실렸다. 여하튼 양곡교회의 지용수 목사가 방송 설교의 첫 주자가 되었다. 이어 전국의 크고 작은 교회들이 뒤를 이었다. 그러나 아직 시스템이 미비한 상황이라 현장 녹화를 한 후 편집해서 방송에 내보냈다.

"저는 그때 ENG 팀에 있었잖아요? ENG 팀이 주일날 다 출근해서 소망교회와 같은 대형교회 예배 찍었어요. 그러니까 설교를 지금처럼 막 받을 수가 없는 거예요. 왜냐하면 ENG 팀과 스튜디오 팀을 다 합치면 거의 40~50명쯤 됐다고요. 보조랑 오디오맨까지 다. 그러니까 설교를 무한정 늘릴 수 없는 구조적인 문제가 있었죠. 그 후 남산에 와서는 교회에서 자체적으로 설교 영상을 제작할 수 있었으니까 받았고요." (박성진)

"그때 ENG 팀과 중계팀, 두 팀이 있었어요. 카메라 관련된 스텝만 해도 50명 가까이 됐어요. 요즘은 교회마다 장비가 다 있어서 설교 테이프만 받으면 되지만 그때는 그런 장비를 다 갖추어야 했어요. 교회가 자체적으로 할 수 없으니까. 그래서 많은 스텝이 주일마다 교회에 가서 설교 촬영을 했어요."

이처럼 많은 인력을 필요로 하던 상황이라 설교를 마냥 늘릴 수 없는 구조였다. 설교가 늘어나면 늘어날수록 인력과 장비도 함께 늘어나야 했기 때문이다. 남산 시대에는 각 교회에서 제작한 설교 영상을 받을 수 있었다. 디지털 기술의 발달과 함께 영상자료의 전달방식도 바뀌었고, 화질도 업그레이드되었다. 그래도 그 당시 방송 설교는 나름 공헌도가 컸다. 설교가 40여 군데로 늘어나자 설교후원금 역시 함께 늘어났기 때문이다.

감경철 사장 취임 후, 2001년 'CTS 밀레니엄 기획 특강'이 등장해서 많은 인기를 끌어모았다. 주제가 아주 다양했고, 시청자들의 폭을 넓혔다. 즉 믿지 않는 사람들도 흥미를 느끼며 귀를 기울였기 때문이다. 새로운 설교 패러다임을 구축했다는 평가를 받기도 했다. 시청률 또한 단연코 높아 1위를 기록했다. 그 후 2008년에는 고화질의 방송 설교 '마음TV'가 탄생했다.

크리스천 삼성카드

2001년, 경영 정상화를 위해 몸부림치던 대치동 시절 특수사업본부가 만들어졌다. 이 특수사업본부에서 CS 카드, 즉 크리스천 삼성카드 사업을 포함하여 여러 사업을 펼쳤다. 그 가운데 크리스천 삼성카드 사업을 통한 수익은 2002년 CTS가 적자에서 벗어나 980만 원 흑자를 내는 데에 일부 이바지했다. 직원들이 부분적으로 알고 있었던 것을 당시 특수사업 본부장이었던 송영우(2000년 7월 감경철 사장 취임 후 CTS에 영입되었다. 감경철 장로와 함께 광림교회 장로였고, 부채 청산 과정과 세부 사항들을 아주 잘 알고 있다. 또한 경영 정상화를 위한 자구책 마련을 위해 큰 힘을 보탰음.)가 크리스천 삼성카드에 대해서 총체적으로 설명했다.

삼성카드와 제휴를 하게 되었을 때는 2001년 8월 16일이다. 그 당시 김대중 대통령은 DJ노믹스의 일환으로 신용 확대 정책을 펼쳤다. 특히 신용카드 규제를 대폭 완화했다. 훗날 신용카드 버블, 신용카드

대란이 일어날 정도로 너도나도 카드를 신청했다. CTS가 여러 카드사 가운데 삼성카드를 택한 이유는 조건이 상대적으로 좋았기 때문이다.

"그때 우리 직원들이 60명이 채 안 됐어. 대치동에서 시작한 거야. 일차적으로 내부에서 캠페인을 벌였어. 카드 연회비가 대개 1만 원씩 했던 때라 연회비 없는 카드를 만들자 해서 붐을 일으켰지. 그래서 내부적으로 약 4만 장을 모집했어. 3개월 동안. 1등을 한 사람에겐 기아차 '모닝'을 상품으로 내걸었지. W 부장이 1등을 했는데 1천 장 이상이어야 한다는 조건을 채우지 못한 거야. 그래서 자동차 대신에 냉장고를 받았을 거야."(송영우)

삼성카드사에서는 의외의 실적에 놀랐다. 직원 수 대비 실적을 따져볼 때 이처럼 큰 성과를 거둔 사례가 없었기 때문이다. 그래서 아예 본격적으로 사업을 벌이기로 했다. 삼성카드사에는 L 상무와 Y 팀장을 파견했다. 카드 신규가입자 한 명당 3~4만 원의 소득이 있었지만, CTS에서는 이것을 포기하고 수수료를 취하겠다고 밝혔다. 신규 가입 수당은 삼성카드가 상담사들에 돌려주는 조건으로 전국의 카드 상담사들을 동원하기로 했다.

"우리는 TV 광고할 테니 카드사를 동원해달라. 그 당시에 카드 상담사가 전국에 1만 명이 있었어요."

대대적인 캠페인을 벌인 결과 몇 달 동안 크리스천 삼성카드 회원 수가 140만 명으로 늘어났다. 그 가운데 실사용자 수는 30~50만에 달했다. 한 달 카드 사용금액의 0.2%를 수수료로 받았다. 이 수수료가 많을 때는 한 달에 2억 8천만 원이나 되었다.

"그러니까 연간 30억 가까이 들어왔지. 계속 적자였다가 2002년도 경상수지에서 흑자 980만 원을 기록했는데. 삼성카드 수수료가 그때 30억 원 가까이 돈이 들어왔을 때야."(송영우)

그 무렵 유사 홈쇼핑, 자회사 설립 등과 더불어 경영 정상화를 위한 자구책의 하나였다. 유사 홈쇼핑 광고를 내리고, 후발 방송사들의 방해로 수신료를 받지 않기로 하자 재정 면에서 구멍이 뚫리게 되었다. 대신 삼성 제휴카드를 활성화하기로 했다. 그리고 크리스천 삼성카드의 전성기는 약 4년 정도 지속되었다.

10억 원 수준으로 수입이 점차 줄어들긴 했어도 노량진 시대에도 한동안은 지속됨으로써, 경영 정상화의 효자상품 역할을 톡톡히 했다. 삼성카드 프로젝트는 큰 성공사례로 삼성카드사 쪽에도 기록으로 남아 있다. 이처럼 크리스천 삼성카드는 경영 정상화에 기여한 프로젝트였다.

3. CTS 감경철 회장의 크고 작은 행보

기도하는 실업인 감경철 장로

• • •

2000년 7월 1일 이후의 감경철 장로의 삶은 한 가정의 가장, 한 교회의 장로, 한 나라의 실업인으로만 머물 수 없게 된다. 그에겐 회생이냐 파산이냐의 갈림길에 서 있던 CTS를 살려내야 하는 막중한 임무가 지워졌기 때문이다. 그리고 그를 그 자리로 부르신 분은 하나님이시다. 그래서 순종할 수밖에 없었다. 감경철 장로는 남다른 혜안을 지닌 타고난 기업가다. 주님을 영접한 이후에는 단순히 실업가의 위치에만 머물지 않았다. 한 교회를 섬기면서 50대에 장로가 되었다. 그리고 실업인 선교회 회장직을 맡아 일했다.

이 당시 CTS는 거의 초토화 상태였다. 재정적으로나 영적으로나 안팎으로 크게 흔들리고 있었다. 과연 어느 누가 이 난국을 타개하고 정상화를 이루어 낼 수 있을 것인가?

초기 자본금은 이미 다 사라지고, 1998년부터 부도가 난 상태에서 IMF를 맞이했다.

결국 CTS는 임금을 체불하고, 일부 프로그램의 제작을 중단하게 되었다. 자금줄이 모두 막히자 초대 사장 L 장로는 성결교단에 맡긴 임대 보증금을 담보로 신한종합금융으로부터 대출을 받기에 이르렀다. 부채는 눈덩이처럼 불어났고, 불신이 팽배했다. 이러한 와중에 CTS는 정상화의 길에서 점점 더 멀어져만 갔다. 시간은 어김없이 흐르고, CTS는 창사 3주년을 맞이했다. 남겨진 것은 누적 결손 450억 원이 넘는 부채였다.

부도 이후 CTS 이사회는 파산을 선언하고 사후 수습대책위원회를 구성했다. 그리고 CTS 인수자 선정 공고를 냈다. 5개 기관의 신청을 받고 서류 심사 후 세 개 기관의 프레젠테이션(presentation) 후, 최종 결정 심사를 진행하던 중 특별한 일이 발생했다.

2000.7.1 감경철 장로 기독교TV 사장 취임

감경철 사장 취임

CTS 이사 가운데 한 명인 감경철 장로가 50억 원을 출연하여 CTS를 회생시키기로 했다는 사실을 접한 것이다. 이에 수습대책위원회는 진행하던 인수기관 선정작업을 중단하고, 감경철 장로를 사장으로 영입하는 것으로 방향 전환을 하게 된다.

이후 최대 주주 교단인 기독교대한감리회와의 협상을 기반으로 이사회와 주주총회의 결의로 제5대 사장으로 감경철 장로가 취임함으로 CTS의 새로운 역사가 시작되었다.

감경철 장로가 CTS의 회생을 책임지기로 한 것은 그의 신앙적 결단과 CTS에 대한 애정에 기인한 것이며, 최종 결단을 하기까지에는 다음과 같은 뒷이야기가 있다.

어느 날 박광식 장로(당시 목원대학교 총무처장, 현 CTS 법인이사)가 찾아와 사장 자리를 적극적으로 권했다. 이때에도 감경철 장로는 거절할 수밖에 없었다. 게다가 사장 자리를 수락한다는 것은 단지 그 자리에 앉아 있는 것을 의미하는 것이 아니었다. 급한 금융권 부채 수습에 필요한 50억 원도 마련해야 한다는 의미를 내포했다. 이어 감경철 장로는 김선도 목사를 만나 재무제표와 사업계획서를 건넸다. 그것만 보아도 방송국의 재정 상태나 경영 내용이 확연히 드러났다. 거기에 사업가의 예리한 눈을 더하여 방송국의 상태를 진단했다. 만신창이가 된 방송국의 상태는 그야말로 회생이 불가했다. 그래도 수술을 시도하자면 일단 50억 원이 필요하다는 말도 전했다.

이 과정에서 그 유명한 일화가 등장한다. 이른바 '오선지에 그려진 음표' 이야기 이와 '십일조 가불(임시 지급)' 이야기다.

오선지에 그려진 음표

• • •

김선도 목사님이 감경철 장로에게 꿈 이야기를 전했다.

내용인즉, 김선도 목사는 감경철 장로가 건네주고 간 재무제표와 사업계획서를 더 들여다보고 싶지 않았다. 또한 이미 방송국의 상태에 대해 소상하게 들었던지라 마음이 무거웠다. 그런데 그날 밤 꿈에서 휴지통에 던져진 서류들을 다시 들었다. 그런데 이게 웬일인가? 손익을 수치로 기록한 서류에는 선과 숫자 대신 오선과 음표가 가득했다.

감경철 장로는 꿈 이야기를 듣고, 하나님 앞에 다시 엎드렸다. 감경철 장로와 박양희 권사는 솔로몬의 일천 번제처럼 1,000일 새벽기도를 쌓았다. 그리고 하나님의 뜻을 묻고 지혜를 구했다. 무엇보다 CTS의 경영 정상화를 위한 50억 원을 구했다. 염려와 절망이 고개를 쳐들 때마다 감경철 장로는 고린도전서 10장 13절 말씀에서 힘을 얻곤 했다.

"사람이 감당할 시험 밖에는 너희가 당한 것이 없나니 오직 하나님은 미쁘사 너희가 감당하지 못할 시험 당함을 허락하지 아니하시고 시험당할 즈음에 또한 피할 길을 내사 너희로 능히 감당하게 하시느니라."

십일조 가불 이야기

• • •

하나님의 뜻을 물으며 기도의 끈을 놓지 않고 있을 때, 박양희 권사가 힘 있는 목소리로 말했다. 박양희 권사는 하나님이 정하여 주신 "돕는 배필"(창 2:18)이었다. 소리 없이 곁에서 남편을 도왔다. 그러나 하나님이 주신 말씀을 전할 때에는 늘 담대했다. 이렇듯 박양희 권사 특유의 영적 담대함과 결단력은 여느 대장부 못지않았다. 박양희 권사는 50억 원을 드리자며 남편에게 이렇게 말했다.

"우리 아멘 합시다. 하나님을 믿고, 십일조를 가불해서 드립시다. 그걸로 방송국 투자해서 운영하고 나중에 하나님께 십일조뿐만 아니라 다른 금액도 청구합시다."(『비우니 채우시더라』 p.26)

감경철 장로가 CTS에 오기까지는 이처럼 많은 기도와 간증이 숨겨져 있다. 또한 방송국을 염려하며 기도하던 보이지 않는 많은 이들의 기도의 응답이기도 하다. 이 점에 대해서는 누구도 부인하지 못할 것이다. 정말 같은 하나님을 믿는 자라면 말이다. 또 무엇보다 아내인 박양희 권사의 영향이 컸다.

박양희 권사는 기도의 용사며, 감경철 장로를 돕는 배필이다. 박양희 권사와 같은 교회에 다니는 한 임직원은 이렇게 말한다.

"광림교회에서 새벽 기도 때 맨 먼저, 맨 앞자리에 앉아 기도하는 분이 회장님 내외에요. 1년 내내 빠짐이 없어요. 어느 날 새벽기도를 마치고 돌아가는 길에 박 권사가 '여보'가 아니라, '감 장로!'라고 부르면서 '십일조 합시다. 가불합시다.' 하는 거예요."

또한 CTS의 24시간 열혈 시청자이기도 하다. 24시간 내내 CTS 방송을 틀어놓고 모니터링을 하면서 임직원의 아내가 아니라 한 시청자로서의 생각을 남편 감경철 회장에게 전하곤 한다. 한 임직원은 이에 대해 이렇게 말한다.

"우리 방송을 24시간 틀어놓고 보는 사람들이 많지는 않을 겁니다. 물론 어르신네들 가운데는 있을 수도 있겠지만 말입니다."

CTS가 재정난에 빠질 때마다 시청자로서 수천만 원씩 헌금하기도 했다. CTS 사장의 아내로서가 아니라 평범한 시청자로서 말이다. 그럼

2005년 7월 5일 감경철 사장 취임 2주년 기념예배

에도 불구하고 박양희 권사는 결코 무대 전면에 나서지 않았다. 늘 뒤에서 남편과 CTS를 위해 기도할 뿐이었다. 노량진 사옥을 건축 초기부터 박양희 권사가 땅 밟기 기도를 하던 모습을 기억한다고 말하는 직원들이 많았다.

50억 원을 마련하기 위해 본인이 그동안 운영해온 개인 회사들로부터 있는 대로 모조리 자금을 짜냈다. 방송국을 살리기 위해 자기 회사의 수액을 최대한 짜내다 보니 이번엔 그 회사들이 파리해질 대로 파리해졌다. 그래도 감경철 장로는 하나님이 세우신 방송국을 살리기 위한 믿음의 행보를 멈추지 않았다.

그 후, 2010년, 72차 이사회에서 감경철 사장은 신임회장으로 선임되었다. 감경철 장로가 CTS에 온 지 10년 만이다. 그리고 구본홍 사장이 6대 사장으로 뒤를 이었다.

"감 회장은 CTS에 전문경영인으로 참여해 10년간 흑자 경영과 신사옥 입주, 제2채널 '패밀리 채널' 개국 등 방송 영역 확장에 역할을 한 것으로 평가받고 있다. 감 회장은 세계 한인기독교 방송협회장을 역임했으며 한민족 복지재단 이사장과 국가조찬기도회 이사와 회장, 한국케이블TV 협회 이사 등으로도 활동 중이다."(「국민일보」 2010.04.01.)

노조 이야기

• • •

2000년 7월 감경철 장로가 사장으로 부임하자마자 모든 경영에 뛰어들 수는 없었다. 본인이 이미 운영해온 기업이 있기에 일단 J 고문이

사장직무대행으로 하여 대치동 사장실에서 근무하게 했다. 그리고 감경철 사장은 양쪽 일을 동시에 해야 했다. 즉 본인은 기존에 운영하던 기업을 운영하면서 CTS의 전반적인 일들을 보고만 받았다.

이 무렵 송영우는 관리본부장으로서 감경철 사장과 함께 일하기 시작하면서 재정 상태를 확인해보았다. 예컨대 누적 결손, 신한종합금융부터 시작해서 캐피탈 등의 부채, 이자에 이자들을 산출해 보니 이미 잠식한 165억 원 외에 추가로 생긴 부채가 엄청났다(채무 자본잠식 160억원, 결손 부채 288억 원). 450억이 훨씬 넘는 이 부채를 해결하기 위해 송영우는 동분서주했다.

2001년 말에 이르러 감경철 사장이 본격적인 경영에 뛰어들었다. 그러자 J 고문은 1년 2개월 만에 사임했다. 2002년 1월 감경철 사장이 직접 경영에 참여하기 시작할 무렵에 노조가 생겼다. 노조가 생긴 구체적인 시점에 대해서는 직원들 사이 의견이 분분했다.

"회사를 살린다는 마음으로 전부 사표를 쓰라는 말이 있고 다음 날 아침 대자보가 붙었고, 그날 오후 P 피디(PD)를 중심으로 노조등록을 한 것으로 알고 있습니다. 감 사장님 취임하신 바로 다음 날이지요."

"전 직원들이 이런 과정을 겪으면서 사기당하듯 계속 불신이 누적되어 온 거에요. 그래서 누가 오면 그냥 다 사기꾼 같다는 느낌마저 들어 선한 마음의 여유가 없고, 마음 밭 자체가 다 상해있었기 때문에 감경철 사장이 싫다기보다는 그 누구도 못 믿는 상태가 된 거에요. 이런 흐름이 너무 오래 지속되었어요. 그래서 우리는 아무 힘도 없으면서 우리끼리 살려보자 할 정도였어요."

"내가 알기로는 J 고문이 가고 감 회장님이 친정체제로 들어오셨을 때 노조가 생긴 거로 알고 있어. 취임 때에는 노조가 없었다니까. 노조가 있었다면 J 고문이 K를 뽑을 수가 없었지."

"K는 J 고문이 뽑은 게 맞는데, 그 노조가 실제 활성화되었을 때는 온누리교회 박종렬 목사가 올 때야. 그때 반대가 있었거든."

"내가 알기로는 회장님 오시기 전, Y 장로님이 오셨어. 노조가 생기려고 해서 생긴 게 아니라 갑자기 방이 붙고, 직원들이 잘리니까 반사적으로 생긴 거죠."

(이 당시 60여 명이 해고 발령을 받았음.)

"그때 내가 왔을 당시 임금이 10개월 치가 체불되어 있었어. 그래서 Y 외 36명이 노동부에 진정했고, J 외 5명은 대법원판결에서 승소했어. 내가 보기엔 그 사람들은 2년 반 동안 일도 안 하고 논 거야. 내가 와서 첫 번째 해결한 것이 이 사람들 문제야."

"노조가 맨 처음 생긴 때는 L 초대 사장 때가 맞고요, 그때는 그냥 서류상으로 노동조합을 등록했고, 회사 안에서는 노조·비노조의 구분은 없었어요. 사장님(최현탁 사장을 지칭) 말씀대로 비상 대책 체제로 들어가 전 직원이 모두 같은 마음으로 연합기관에 가서 회사 살려달라고 간청하기도 했고요. 그래도 회사 상황은 계속 안 좋아지니까 결국 구조조정이 불가피했고, 그 과정에서 동료들이 양분되는 일이 생겼지요."

직원들의 일괄사표와 관련하여 최현탁은 이렇게 말했다.

"그게 99년의 일이에요. 제가 마지막 구조조정을 당했어요. 그 당시 사장은 Y 장로였는데, 일괄사표를 받아서 다 잘랐어요. 저는 더 안 자른다면 사표를 쓰겠다고, 제가 마지막 희생이 되겠다고 말하고 사표 썼어요."

그 후 2000년에 들어서면서 감경철 사장은 문제들을 해결하고 경영 정상화를 위해 이리저리 뛰어다녔다. 그 가운데 하나가 온누리교회였다. 온누리교회에서는 CTS가 정상화를 위해 몸부림을 치고 있다는 것을 알고 5억 원을 내놓았다.

그런데 그 당시 CTS 통장이 압류상태라 최현탁은 개인 명의의 통장에 이 5억 원을 입금했다. 최현탁은 이 일과 관련하여 나중에 검찰 조사를 받았다. (2003년 9월, 태풍 매미로 인해 김천지역이 심한 수해를 입었다. CTS에서는 후원금을 보낼 때도 최현탁 통장을 사용함.)

"제 개인 이름으로 된 통장을 만들었기 때문에 나중에 검찰 조사를 받을 때 왜 당신 명의 통장으로 돈이 들어왔다가 법인명의 통장으로 가서 급여가 지급되었느냐고 따져 물었지만, 배경을 쭉 설명하니 충분히 이해되었지요. 법인명의 통장으로 들어왔다가 압류당하면 급여도 제작비도 줄 수 없는 상황이니까 기획관리실장인 제 이름으로 통장을 만들어 사용했다고 말했지요."

(개인 명의의 통장을 이용한 것은 이것이 두 번째다. 첫 번째는 송영우가 관리본부장으로 있을 때, 개인 이름으로 예금거래를 하도록 내부결재를 받아 두었다. 부도난 회사이기 때문에 예금압류를 피하는 고육지책이었다.)

그리고 이 5억 원으로 직원들 인건비 등 필요비용을 해결했다. 그 외에 감경철 사장의 개인기업으로부터도 5천만 원이니 1억 원이 하면서 10억 가까이 되는 돈을 빌렸다. 빌렸다기보다는 받았다. 감경철 사장은 CTS 경영 정상화를 위해 초기에 50억 원을 넣은 이후에도 엄청난 액수를 지속해서 쏟아부었다.

"우리는 갚지도 못할 게 뻔한데도 (차용증서를 쓰고) 돈을 이렇게 받았죠. 그러니까 당신이 경영하는 회사에서 또는 개인 돈을 가지고 회사의 경영 정상화를 위해서 초기에 50억 넣은 거 외에도 엄청난 돈을 넣었어요. 개인 돈을. 이렇게 하는 중에 노조가 생겼어요."

여하튼 노조는 경영 정상화의 과정에서 생겨났고, 노조 활동이 가장 활발했었던 때는 온누리교회로부터 5억 원을 받았을 때였다. 온누리교회에서 5억 원을 낸 것에 대한 일종의 보답으로 한 사람을 보내주시면 방송본부장으로 위촉하겠다는 뜻을 밝혔다. 그러자 온누리교회에서는 P 부목사를 파견했다. P 목사가 처음 출근하는 날, 노조는 대대적인 시위를 벌였다. 이로 인해 감경철 사장을 비롯한 많은 이가 깜짝 놀랐다.

이 사건에 대해 한 직원은 이렇게 말했다.

"그 배경을 정확하게는 잘 모르겠지만, 제 생각에는 5억 원이나 되는 돈을 들여 경영 정상화를 돕겠다고 하는데 제대로 된 노조 같으면 정말 감사하다, 환영한다 해도 과언이 아닐 텐데 아직 써보지도 않은 사람을 왜 출근 첫날부터 물러나라고 했는지 솔직히 저는 지금도 잘 모르겠어요."

아마도 노조원들 사이에는 불신이 팽배했을 것이다. 기대가 매번 무너지다 보니 이제는 이 사람도 저 사람도 못 믿겠다는 생각으로 가득했을 것이다. 이런 와중에 특정 대형교회까지 개입한다고 생각했다면 그것은 단지 사람에 대한 불신이라기보다 교계 자체에 대한 불신 등으로 직원들의 마음이 흔들리고 있을 때였다.

남산으로 옮긴 후 노조원은 한 명밖에 안 남았다. 최현탁이 강남구청에 연락하여 노조설립 요건이 안 되니 CTS에는 노조가 없음을 확인받았고, 민주노총에 내용증명을 보내, CTS의 이름은 언론 노조에서 빼달라고 요청했다. 이렇게 노조 문제는 일단락되고 지금에까지 이르렀다.

여섯 가지 전제조건

• • •

"제가 한 말씀 드리면, 그러니까 회장님이 자신의 헌신과 희생을 통해 여기까지 오셨지만, 이보다 훨씬 더 중요한 것은 한국 교회에 기여하신 부분입니다. 이를테면 출범 당시의 연합 정신을, 즉 한국 교회 연합 정신을 지금까지도 그대로 유지해 오셨다는 거예요. 아까 말씀드린

여섯 가지 전제조건은 CTS의 정체성과 현 체제를 계승한다는 뜻이 담긴 것이었습니다.”

여섯 가지 전제조건이란 과연 무엇인가?

2000년 3월 29일, 목요일, 오전 11시에, 기독교대한감리회 본부회의실에서 제27차 이사회 속회(2)가 열렸다. 이사 32명 중 20명과 감사 1명이 참석했다. 대표이사 이유식 목사의 사회로 찬송가 50장 1절을 다 같이 부른 후 이사 홍종선 장로가 기도를 드리고, 대표이사가 고린도전서 10장 31~33절을 봉독했다.

“그런즉 너희가 먹든지 마시든지 무엇을 하든지 다 하나님의 영광을 위하여 하라 유대인에게나 헬라인에게나 하나님의 교회에나 거치는 자가 되지 말고 나와 같이 모든 일에 모든 사람을 기쁘게 하여 자신의 유익을 구하지 아니하고 많은 사람의 유익을 구하여 그들로 구원을 받게 하라.”

제1호 안건이 회사 경영 정상화에 관한 것이었다. 회의록에는 “경영 정상화를 위하여 최대 주주인 기독교 대한감리회의 제안을 수락하고 아래 여섯 가지 사항을 전제조건으로 경영 주체를 맡기기로 하자….”라는 대목이 있다. 그리고 그 여섯 가지 전제조건은 다음과 같다.

① 경영자금 50억 이상 출자를 위한 차입
② 창사 정신 계승(개신교단 컨소시엄 연합 정신)
③ 현 체제 유지(실무진, 이사회, 정관 포함)

④ 채무 해결 및 승계 보장

⑤ 건전 복음 방송 보장

⑥ 감자 불가

(감자: 주식회사나 유한 회사가 결손을 보전하거나 과대 자본을 시정하기 위하여 법원에 등록된 자본의 총액을 줄이는 일.)

인정하기 싫은 부분이지만 한국 교회 역사 이면에는 늘 분열의 역사가 그늘을 드리우고 있었다. 그러나 CTS의 출범 당시 정신은 연합 정신이었다. 바로 그 정신이 지금까지 이어지게 하는 데에 있어 CTS의 역할을 결코 가볍게 보아 넘길 수 없다. 그리고 그 연합 정신은 지금도 CTS와 함께 우뚝 서 있다. CTS는 명실공히 한국 교회 방송이라는 것을 자연스럽게 대변하는 것이다. 제3항에 따라 이사회 역시 임기가 차서 교체된 분이 계시지만 그대로 이어졌다.

그렇다면 이 여섯 가지 전제조건과 감경철 사장은 어떤 관련이 있을까?

"감경철 장로가 여기 사장으로 들어올 때 우리가 결정한 조건이 있었어요. 그 가운데 50억 원을 경영 정상화 긴급자금으로 투입한다. 기독교 연합 정신을 유지한다. 복음 방송을 한다. 현 직원을 그대로 수용한다. 그리고 감자하지 않는다."

"감자하지 않는다." 즉 "감자 불가"는 곧 감경철 장로가 CTS에 부채가 있더라도 그대로 떠안는다는 이야기다. 그리고 앞서 말한 50억 원은 "헌금", 즉 하나님께 고스란히 드린다는 의미다.

"2천 년 이사회 때 공동대표 체제에서 김준규(합동총회 전 총회장) 목
사가 우리 공동대표이사 다 사임하겠다…. 최대 감리 1대 주주인 감리
가 단독 대표이사 체제로 가고 여섯 가지 조건을 내걸었죠. 현 이사회
를 그대로 유지하고. 이건 말도 안 되는 소리예요. 또 '감자하지 말 것'.
100% 감자해야죠. 주식을. 그러면 감 회장은 지금 1대 주주야. 그런데
말도 안 되는 이사회의 조건을 감 장로는 수용했어요. 50억 원만 있으
면 살린다고 해서 그게 진짜인 줄 알고 골프장 회원권 35장 또 15억 가
지고 왔더니 코끼리 비스킷. 거기에 450억이 넘는 결손이 생긴 거야.
이자가 그때 30%, IMF 때였으니까. 신한 종합금융인가 뭐 이런 데서
리스 비용, 이자에 이자.
이런 과정들을 겪으면서 정상화의 길을 가기 위해서 몸부림을 치고
있던 차에 노조가 생기기 시작하고…. 이제 여기 계신 분들은 입사 초
기부터 지금까지 굳건히 자리를 지켰고, 거의 다 초창기부터 있었죠."

감경철 장로가 50억 원을 출연할 무렵에 회계를 아는 사람들은 감
자를 안하면 안 된다고 다들 말했다. 이 문제에 대해 기업인인 감경철
장로가 고민했을 법하다. 그러나 박양희 권사는 남편에게 단호하게 말
했다.
"하나님께 헌금을 했다고 생각하면 될 것을 왜 답을 안했어요?"

결론은 감경철 장로가 여섯 가지 전제조건을 그대로 수용하고 사장

으로 왔다는 것이다. 또 그것은 부르심에 대한 순종이라는 것이다. 즉 6개 조항을 그대로 수용하며 긴급자금을 출연했다는 것은 현실적인 계산이 아니다. CTS를 회생시켜야 한다는 사명감과 하나님의 뜻을 받드는 것이 우선이라는 신앙적 결단이 있었기에 가능했다.

아울러 당시에 CTS에 몸담고 있던 직원들도 신임사장과 함께 신앙적 자세로 기도하며, 사명 감당에 매진하며 난관을 극복해왔다.

따라서 이러한 엄연한 역사적 사실을 직시한다면 오늘, 그리고 내일의 CTS 구성원들은 파산과 고난의 길을 거쳐온 감 사장과 임직원들의 희생과 인내, 그리고 용기와 신앙적 모습을 본받으려는 자세를 견지해야 한다.

'연봉 1원의 사장'이라는 트레이드마크

• • •

드디어 감경철 장로가 사장으로 취임했다. 감경철 사장에게 눈앞의 과제는 CTS 경영 정상화다. 즉 450억 원이라는 부채가 떡하니 버티고 있는 상태에서 복음 방송과 사회 공익 방송으로서의 CTS를 되살려야 한다.

이 시기에 제 3기 공채가 있었고, 14명이 새 가족으로 들어왔다. 감경철 사장은 무엇보다 하나님과의 관계와 영성의 일상성에서 해결책을 찾기로 했다. 이를 실천하기 위해 매일 아침 임직원들과 함께 경건 예배를 드렸다. CTS는 하나님이 세우신 방송국이다. 이 사실을 믿는가? 그렇다면 모든 문제의 답 역시 하나님께 있지 않겠는가?

또한 재직자들의 체불 임금을 지불하고, 신한캐피탈에서 대출금 23억을 출자 전환함으로써 23억의 자본금 증자 등기를 완료하는 등, 방송 환경의 안정화를 위해 안팎으로 동분서주했다. 또한 가장 시급한 문제 가운데 하나였던 연간 80~100억의 제작비를 줄여나갔다. 연예인과 유명 인사인 출연자들에게 동역을 요청했고, 모든 임직원이 함께 기도하며 구조조정을 감행한 결과 연간 제작비가 20~30억 수준으로 감소하였다. 놀라운 것은 제작비는 3분의 1로 줄었지만, 〈내 영혼의 찬양〉, 〈오늘도 임마누엘〉 등 신규 프로그램들을 포함한 CTS 프로그램은 이전보다 더 많이 제작되었다. 더욱이 24시간 방송할 수 있는 케이블방송의 장점을 최대한 살려 좋은 프로그램들을 반복 송출하였다. 시청률도 계속 상승하는 등 기적 같은 변화가 일기 시작했다.(『비우니 채우시더라』 p.29)

'연봉 1원의 사장', CTS에 대해, 감경철 회장에 관해 이야기할 때마다 늘 등장하는 말이다. 그리고 연봉 1원이라는 독특한 문구는 어느새 감경철 회장의 트레이드 마크처럼 되었다. 연봉 1원은 급여를 전혀 받지 않음을 의미한다. '무보수'라고 하는 것보다는 '1원'이라는 표현이 더 설득력이 있다. 이사회에서는 급여를 줘야 하지 않느냐며 결의까지 했다.

"우리가 이사회에서 이미 결의를 다 해놨는데도, 그러더니 미국에 가 있을 때 나한테 연락이 왔어, 결의된 사항을 지워달라는 거야. 자기가 급여를 받을 때가 아니라는 거지요."(우원근)

감경철 사장은 자그마치 13년 2개월간 급여를 전혀 받지 않았다. 심지어 기사 차량비까지 모두 본인이 직접 부담했다. 회삿돈은 전혀 쓰지 않겠다는 의지가 확고했다. 자기는 급여를 전혀 받지 않으면서도 직원들의 급여는 확실히 챙겼다고 직원들은 말한다. 이를 위해 사비를 넣거나 돌려서라도 임직원들의 급여는 꼬박꼬박 챙겼다.

"2004년도 월급이 제날짜에 나오기 전까지만 해도 우리가 어렵잖아요? 그럼 회장님이 운영하시는 본인 기업의 직원들 월급을 제날짜에 안 주고, 그 돈을 CTS 직원들에게 빌려주어 제날짜에 집행하게 하셨다니까요. 이런 거를 사람들은 모르지요. 그런데 그쪽 직원들은 CTS가 얼마나 밉겠어요? 한두 번도 아니고."

그러나 관점을 바꾸어 생각해볼 필요가 있다. 감경철 회장이 운영했던 회사 직원의 심정은 어땠을까? 가족과 친지들의 생각은? 어찌 보면 이들은 피해자일 수 있지 않을까? CTS가 도대체 무엇이기에 잘 나가던 기업이 다 피해를 보고, 골프장 문까지 닫지 않았던가?

은행 잔액이 부족해서 며칠 정도 늦춰지는 때가 있긴 했지만, 이전과 같은 임금체불은 전혀 없었다. 급여가 늦춰지는 경우에는 임원들이 일단 양보하고, 직원들에게 우선으로 지급했다. 즉 임원들의 급여일을 1주일 혹은 10일 정도 늦추었다. 자금압박이 2005년도까지 지속되었지만 임금체불은 없었다.

이러한 이야기가 오가는 과정에서 송영우는 초창기 CTS 직원들의 정직성과 깨끗함을 칭찬했다.

"난 우리 직원들, 밑바탕이 참 깨끗한 직원들이었다고 생각해. 이유인즉, 〈예수 사랑 여기에〉 모금방송이 있는데, 계속 계좌로 입금되었는데도 10개월씩 월급을 못 받아도 한 푼도 당겨 쓰지 않았더라고. 그걸 그대로 적립해서 보내야 할 곳에 보냈지. 난 그게 상당히 그리스도인답다고 생각해."(송영우)

모금은 하나님의 돈이라고 생각한 초창기 직원들의 이러한 마음가짐은 충분히 귀감이 될만하다.

길거리에 나앉다

• • •

임직원들의 멈추지 않는 기도를 등에 업고 감경철 사장은 위기 극복에 전념했다. 그 결과 자구책으로 진행하던 사업도 제법 성과를 보이고, 직원들 역시 자신감을 서서히 회복하고 있을 때였다. 그러나 눈앞의 상황은 바램과는 딴판이었다. 급기야 사옥을 비워야 하는 냉혹한 현실이 펼쳐졌다.

비가 부슬부슬 내리는 어느 날, 채플을 마치고 사무실에 들어서는데, 법원 집달관들은 창문을 다 깨고 짐을 있는 대로 다 방송국 앞마당에 내놓았다. 이를 본 직원들이 몸싸움을 벌였다. 이 과정에서 감경철 사장의 양복 윗도리까지 다 찢겼다. 침울하게 앉아 있는 모습, 그 모습이 지금은 사진 한 장에만 담겨 있다. 현장을 경험하지 못한 사람들은 과연 이 한 장의 사진에서 무엇을 얼마만큼이나 읽어낼 수 있을까?

"예배를 드리고 나왔는데 장비들을 끌어내니까 긴급하게 컨테이너 두 개를 구해서 앞마당에 내놓고, 장비를 보관하고자 했지요. 다행히 날씨는 춥지 않고 따뜻한 때였어요. 그런데 성결교단 유지재단에서 불법 구조물이 설치되어 있다고 경찰서에 신고한 거예요. 경찰이 왔기에 제가 나가서 설득했지요. 그랬더니 '같은 교계에서 왜들 이러시는지 모르겠다며 서로 알아서 잘 이야기해보세요.' 하고 갔어요."(최현탁)

남은 직원들은 우선 맞은편에 있는 건물 두 개 층을 급하게 빌려 옮겨갔다.

성결교회유지재단과의 계약조건에 따르면 임대보증금을 담보로 대출을 받을 수 없게 되어 있었다. 그런데 방만한 경영으로 부도가 나고 자금이 부족해지다 보니 초대 사장이 그 계약을 무시하고 임대보증금을 담보로 대출을 받았다. 이것이 문제의 발단이 되었다. 거기에 월세까지 못 내고 있으니 성결교단 유지재단에서는 나가달라고 했다. 이렇게 강제퇴거까지 당하게 된 데에는 여러 가지 이유가 있었다. 그 주된 이유는 임대차 계약 조건 위반이다. 이로 인해 성결회관 건물명도 요구받게 되었다. 한 달 내로 그곳을 비워줘야만 했다. 그뿐 아니라 천장을 뜯어내고 강당을 만들었던 것을 원상 복구시켜야 했다.

사실 엄밀히 따진다면 성결교회유지재단 측이 잘못했다고 할 수는 없다.

"모두 하나님을 믿는 사람들이고, 서로 모르는 처지도 아닌데 설마 우리를 쫓아내겠느냐 하는 것이 우리의 마음이었지요."

그러나 설마 하던 것이 현실로 나타나자 모두 아연실색했다. 방송국의 짐들이 길바닥에, 또 주차장으로 끌어내려지는 믿을 수 없는 광경이 펼쳐지고 있었기 때문이다. 그 누구보다 감경철 사장에겐 충격이 아닐 수 없었다. 그러나 환난 가운데 있을 때는 불평과 원망의 대상이었던 것들이 세월이 지난 후에 보면 감사의 조건으로 바뀌어 있을 때가 많다. 훗날 감경철 회장은 지난 역사를 되돌아보면서 이렇게 말한다.

"무엇보다 하나님께 감사와 영광을, 두 번째는 역설적이기도 하지만 우리 방송이 그 혹독한 그 환난과 연단을 겪게 한 성결교회유지재단에 감사, 그리고 한국 교회와 성도님들께 감사합니다."

그러나 극한의 상황에서도 절망을 희망으로, 좌절에서 하나님의 섭리를 찾던 사장 이하 임직원들은 포기하거나 주저앉지 않았다. 거친 광야에서 가나안을 소망하며 발걸음을 멈추지 않았던 이스라엘 백성들처럼 CTS는 그 광야의 길을 계속 행진했다. 원망보다는 감사로, 혹독한 환난 속에서도 하나님의 영광을 찬양하면서 CTS는 그 길을 헤쳐나온 것이다. 그리고 가나안을 코앞에 두고 있었다.

감경철 회장에 대한 임직원들의 기억(중복되는 이름은 생략했음)

• • •

감경철 회장은 대한민국 국가조찬기도회 7대 신임회장 취임사 서두에서 이렇게 말했다.

"정말 저는 아마추어입니다. 그런데도 귀한 사명을 주시고 들어 쓰시는 위대한 하나님을 찬양하고 감사하며 영광을 올려드립니다."

이 짧은 문장에서 그에 대한 많은 것을 읽을 수 있지 않을까? 임직원들에게 감경철 회장에 대한 기억을 물었다. 각 사람이 이런저런 이야기를 하는 과정에서 웃음도 터졌고, 눈가를 적시는 눈물도 볼 수 있었다. 역시 인간의 기억 중추는 감정의 중추라는 말을 떠오르게 하는 모습이었다. 이들의 길면서도 짧은 이야기를 요약하여 소개한다.

"이사회의 법적 절차를 거친 후, 2000년 7월 1일, 감경철 장로는 경영 주체를 위임받은 CTS 사장으로 부임했어요. 그 당시 제일 큰 스튜디오로 사용하던 강당에서 취임 예배를 드렸어요. 취임 예배를 딱 드리고 사장실로 올라왔는데 그때 그 이사장님이 이유식 감독 회장이었습니다. 바닥에 무릎을 딱 꿇고 앉더니 제 머리에 손을 얹고 기도해 달라는 거예요. 그때 눈물이 나는 거예요. '우리가 잘 뽑았다. 이런 신앙적인 자세로 하면은 충분히 우리 회사를 아름다운 회사로 만들 것이다.' 그래서 이유식 감독회장하고 나하고 둘이서 손을 얹고 '앞으로 이 회사를 끌어갈 길에 지혜와 힘을 주십시오.'라고 기도하고, 시작을 한 겁니다. 감 장로가 그렇게 사장으로서의 첫발을 디뎠습니다. 그때의 신앙과 정신으로 지금도 CTS를 이끌어가고 있지 않을까요?"(최희범, 현 CTS 법인 이사)

"감 사장님이 오셔서 '여러분이 사장입니다.'라고 하는 거예요. 직원들이 사장의 관점에서 머리를 짜내보라는 이 말이 소리 없는 파장을 일으켰어요. 부도 상황에서 직원들의 마인드 변화가 시작되고 사심 없는 헌신이 시작된 거죠. 그때 제가 스튜디오랑 ENG 통합 팀장이었는데, 세트를 세워야 하지 않습니까? 이게 다 돈이 아주 필요하거든요. 그래서 이 문제를 어떻게 해결할까 고민하고 고민하다가 협찬 후원을 생각해냈습니다. 제가 한 번도 안 해본 일입니다. 그래서 저는 중고업체를 찾아갔습니다. 처음에는 꽃이나 소파 같은 필요한 물품을 원가로 주십사 부탁했습니다. 그런데 사정을 알게 된 주인들은 감동하여 그냥 주기도 했지요. 이렇듯 작은 행동들은 재정 절약으로 이어졌습니다."(박성진)

감경철 회장

"그 당시 가편실이라고 있었거든요. 직원들이랑 편집하고 있었는데 누가 제 어깨를 툭툭 치는 겁니다. 햄버거 30~40개 정도를 다 푸신 겁니다. 진짜 수고가 많다시면서. 별것 아닌 것 같지만 우리한테 엄청나게 감동이었어요."

"제가 막내 직원으로서 늘 봤던 감 사장님의 모습은 늘 분주했어요. 저희가 전력망 사용료도 못 내고, 여러 가지 민원이 들어오고 할 때마다 경찰서에 가서 조서 작성하고, 법원에 가고…. 그래서 저는 의아했어요. 좋은 뜻으로 오셨는데 저걸 다 어떻게 감당하실까?"

"언론에 한창 안 좋은 소식이 나돌 때, 제가 사장님 모시고 교회 뉴스 취재라도 가면 거의 대놓고 홀대하는 분위기였어요. 그때는 60대 초반이시니까 아직 젊은 탓도 있겠지만, 큰 교회에 가면 아무도 인사를 안 하는 거예요. 무혐의 처분으로 분명히 나왔는데도 그런 것은 뉴스에 나오지도 않고 감 회장이 해 먹었다는 식으로만 나오니까. 그때마다 회장님이 참 외로우셨겠나 하는 생각이 들죠. 그러니까 교회에서도 색안경을 끼고 보는 거예요. 물론 지금은 억울한 것이 다 벗겨졌지만. 그런데도 그런 어려움을 직원들에게 내색하지 않고 혼자 감수하셨어요. 혼자 감내하시는 그 모습이 너무 귀하고 감사했던 것 같아요. 물론 임원들이야 자세한 상황을 아셨겠지만, 우리 직원들은 이야기 안 하시면 모르니까. 그런데도 이미 끝난 일에 대해 또 고소가 들어오고…."

"회장님이 CTS에 오시기 전, 운영하시던 광고회사에서의 경험들이

CTS 경영에도 밑거름이 됐던 것 같아요. 감 회장님이 사장님으로 오시자마자 교계 지도자들 모시고 금강산에 간 적이 있어요. 그때 제가 카메라를 메고 갔는데, 회장님이 모두 다 찍으라는 거예요. 나중에 참고할 수 있는 것들은 뭐든지 다 기록에 남기라는 거지요. 그리고 나중에 그것들을 임원이나 부서에 활용하라고 보여주시는 거죠, 지시해서 이거 활용해봐라. 이렇게 하시니까 늘 머릿속에 그런 생각을 하고 계시는 거죠."(박성진)

"오피스텔을 전전하다가 사무실에 들어가게 되었어요, 여기 13층 회의실보다 조금 더 컸죠. 여하튼 5년 만에 스튜디오를 개설한 거죠. 저는 직접 스튜디오를 꾸몄어요. 그리고 개설 감사예배 때 회장님이 오셨어요. 그런데 회장님이 저에게 이렇게 말씀하시는 거예요. '류 팀장, 이것도 좋지만 조그마해도 자기 집이 있어야 해.' 처음에는 그 말 듣고 되게 열 받았어요. 그러나 자기 집이 있어야 한다는 그 한마디에서 감경철 사장의 마인드와 신념을 읽을 수 있었어요. 그 후 다른 지사 사옥 마련에도 영향을 미쳤던 것 같고요."

"저희가 제일 많은 시도를 했던 때가 코로나 시기였어요, 작년 2월 이후 회장님께서 새로운 걸 계속 강조하셨죠. 다음세대 프로그램 같은 것들. 우리가 위기에 처했을 때일수록 움츠리게 되는데 회장님께서는 계속 새로운 것을 던지시는 거예요."

"남산 시절에는 노조 프로덕션에서 제작해서 우리에게 납품하는 시스텝이었기 때문에 실제로 방송을 제작하고 편성하는 직원은 저를 포함해서 4명밖에 없었어요. 4명이 다 PD이다 보니 낮에는 제작 PD가 되고, 밤에는 편성 PD를 하고, 그렇게 24시간 근무했던 기억이 나요. 아무튼 이 남산 시절이 참 어려웠던 때인데 회장님은 눈을 해외로 돌리셨어요. 그토록 제일 어려운 시기에 어려운 시기에 하나님께서 위성 방송도 시도하셨고, CTS 아메리카를 세우시겠다고 했고, 스튜디오도 빌려 쓰던 시절인데 말이에요. 회장님은 그때 이미 세계화의 비전을 보셨던 거예요. 저희에게도 그 비전을 제시하셨고요."(강명준)

"NRB 가셨을 때, 행사장에서 저를 부르시기에 뛰어가니까, 이것저것 다 찍으라는 거예요, 우리가 건축할 때 시도해 봐야겠다면서요. 제가 해외 출장을 한 10년 모시고 다녔는데, 늘 새벽 기도하시느라 5시에 일어나시는 거예요. 직원들이 준비한 간단한 아침 식사 드시면서 회의하시고, 7~8시면 벌써 일과를 시작하는 거예요. 저녁엔 저녁 식사 마친 후 저녁 일과 또 잡으시고. 헌금 받은 귀한 돈으로 출장을 왔는데 일정 꽉꽉 채워서 일해야 한다고 하시면서 밤 9시, 10시, 12시까지 회의하시고, 또 새벽에 일어나시고⋯. 더 재미있는 일화가 있는데, 출장 가실 때 비즈니스석을 타지 않으신다는 거예요. 여러분들하고 같이 간다고 하시면서. 제 옆에 앉으셔서 가는 내내 업무 지시하시는 거죠."(강명준)

"저는 제작 쪽 생각하면 저 회장님은 굉장히 참 젊은 감각의 기획자라는 느낌이 굉장히 많이 들었어요. 실례로 2015년에 회장님이 국가조찬기도회 회장 맡으실 때 갑자기 청년기도회를 같이 해보자는 말씀을 하셨죠. 그러니까 대통령을 모시고 기도가 끝난 후, 같은 장소에서 청년들이 와서 기도하는 것을 기획하셨죠. 한반도 평화통일 청년기도회를 그때 처음으로 기도회장 하실 때 처음으로 그걸 하셨죠. 이번 국가조찬에서도 청년들 메타버스 안에서 청년들이 기도했는데 그 원조가 회장님이에요."(허명환)

"회장님이 그 이전부터 〈세리 시이오(SERI CEO)〉와 같은 것을 우리에게 계속 보여주면서 이런 것들을 좀 기획해라. 너무 기독교적인 게 아니어도 된다고 얘기하셨죠. 그래서 우리 PD들은 〈TED〉를 보면서 이런저런 특강을 생각했어요. 그런데 기독교 컨셉이 아닌 것을 우리 방송에서 하는 것이 맞나 하는 회의가 많이 들어서 진행이 계속 늦춰졌죠. 그런데 나중에 〈세바시〉를 보면서 그제야 회장님이 뭘 원하셨는지 알게 되었죠."

감경철 회장

"일과 관련된 것은 아니지만 저에겐 회장님이 정말 따뜻한 사람으로 기억되고 있어요. 제가 2014년도에 갑상선 암으로 입원해서 목을 절개하고 수술을 받았어요, 비는 내리고 이런저런 생각에 제가 많이 울었어요. 그 비오는 날 누가 병실에 들어오셔서 기도를 막 하시는 거예요, 그때 저희 누님이 저를 간호하고 계셨지요. 누님은 회장님을 잘 모르고, 저도 처음에는 회장님이신 줄 몰랐어요. 그렇게 기도를 하시고 제 손을 잡아 주시고는 바로 나가시더라고요. 그때 회장님이 참 따뜻한 분이시구나 생각했지요. 그 무렵 회장님은 언론에서 맹공격을 당하고 있었어요. 그래서 회장님이 많이 힘드시겠다고 하는 생각이 들었죠."(허명환)

"제가 제작 키드(kid)로서 회장님과 맞닥뜨릴 일은 많지 않아요. 그런데 놀랍게도 어느 날, 회장님이 제 자리로 전화를 하신 거예요. 저는 제가 뭘 실수한 게 있나? 잘못한 게 있나 생각했지요. 그런데 회장님이 이런 말씀을 하시는 거예요, PD들은 기획하고 자꾸 새로운 것을 만들어 내야 한다. 만일 시간상으로 부족하면 6개월 재방을 돌리는 한이 있더라도 PD들은 어딘가 별도의 공간에서 기획해라. 그게 잘 실행이 안 되면 나한테 와서 이야기하라. 그럼 그렇게 하도록 조치를 해주겠다. 그 말을 듣고 회장님이 방송에 정말 신경을 많이 쓰시고, 새로운 것을 계속 원하시는구나 생각했지요, 항상 새로운 것을 추구하는 것이 회장님의 DNA라고나 할까. 이제는 이런 것들이 모세혈관처럼 각 부서에 잘 흘러 들어가는 것 같아요."(이제선)

"CTS의 위상이 종교방송에서는 상당히 높다고 저는 보거든요, 종교 방송이니까 예배랑 설교만 트는 게 아니라 정말 다양해요, 드라마 빼고 저희가 거의 다 해요. 저희가 해외에 나가서 상도 받고, 국내에서도 받고, 한국기독언론대상에서 선교 부문 최우수상도 받았어요. (2021년 기준 종합 10회 수상) 이렇게 새로운 것을 하기 원하시는 회장님의 DNA가 방

송 쪽으로도 성과를 내고 있어요."(이제선)

"지금 아트홀에 대형 LED가 설치되어 있어요. 그런데 설치는 했어도 사실 그다지 높지 않았어요. 그래도 저희가 기술적인 것을 포함해서 일단 시도는 했어요. 그 무렵 엘리베이터 안에서 회장님을 우연히 만났어요. 그런데 LED에 관해 이야기하시면서 왜 다양한 화면을 만들지 못하느냐고 하시는 거예요. 이야기 과정에서 회장님이 굉장히 세심하시다는 것과 트렌드를 앞서가신다고 생각하게 되었지요. 그 후로 음악 프로그램이나 여러 가지를 줌으로 띄우면서 LED를 아주 많이 활용하고 있어요."(이제선)

이
책
을
닫
으
며

왜 지난 역사를 이야기해야 하는가?

우리는 험난한 광야 시대를 거쳐 마침내 도달한 오늘의 가나안 시대를 돌아보았다. 그 역사 속에서 확인된 것은 많은 사람의 인내와 용기, 그리고 헌신이 있었다는 것이다. 또한 CTS를 지켜내야 한다는 신앙적 결단과 사명감이 저변에 있었다.

파산 일보 직전의 회사가 오늘의 CTS로 발전된 것은 기적이라고 할 만하다. 하나님께서는 감경철 장로라는 한 사람을 통해 이 일을 가능하게 하셨다.

　오늘의 CTS:

　- 사옥 건립으로 회사의 안정과 기반을 다지고, 위상을 제고(提高)

　- 사시(社示)의 실현을 통한 다방면의 결실

　- 국내외 지사 설립과 방송선교 망 구축을 통한 복음 전파와 기구 확대

　- 한국 교회의 연합과 일치에 이바지

- 사회적 요망에 부응한 다양한 프로그램을 통하여 교회의 사명을 수행
- 만년 적자에서 경상수지 흑자 시대로 전환

광야 시대를 경험한 사람들에게는 오늘의 CTS 모습이 감격 그 자체이다. 이러한 역사를 함께 이루어온 직원들의 증언을 종합하면 이 일의 중심에 감경철 회장의 리더쉽이 있었기에 가능했다는 것이다.

감경철 회장의 리더십:
- 하나님 중심의 신앙적 삶과 교회 섬김의 분명한 목표 의식
- 사회적 요청에 부응한 교회의 사명 의식
- 빠르게 변화하는 세태를 예견하고 상응하는 대안 제시 능력
- 자기희생과 솔선수범의 리더십
- 인내와 끈기로 고난을 이겨냄
- 쉬지 않고 달리는 근면한 삶
- 부단한 연구를 통해 아이디어 창출

임직원들은 이러한 리더십의 최고경영자와 함께 오늘의 CTS 만들기에 참여함으로써 긍지를 느끼고 무한한 존경을 표하고 있음을 확인할 수 있었다.

가나안에 정착한 오늘에 만족하고 있을 수는 없지 않은가?
CTS에 몸담아 왔던 사람들, 지금 몸담은 사람들 그리고 앞으로 CTS의 가족이 될 수 있는 사람들에게는 CTS에 대한 감사와 긍지를 갖

고 내일의 CTS에 대한 사명감을 공유해야 할 것이다.

 CTS의 내일을 위하여
- 순수복음방송을 위하여 최선의 노력을 다할 것이다.
- 섬김과 나눔을 위한 다양한 프로그램과 프로젝트를 개발하고
  시행할 것이다.
- 열방에 복음을 전하기 위한 계획 수립과 실행에 최선을 다할 것이다.
- 시대가 요청하는 문제(저출생. 고령화. 다음세대 등) 해결에 앞장서며,
  특히 기독교 문화선교와 해외선교 등을 중심과제로 할 것이다.

임직원들은 내일의 CTS에 대한 꿈을 가지고 최고경영자를 중심으로 하나가 되어, 그 꿈을 이루어 나갈 것이다. 그리고 이 꿈은 반드시 이루어질 것이다.

닫는 말

90년대 후반, 2000년대 초반·중반은 오늘날과 다른 점이 많았다. 전에는 한 세대라 하면 30년을 의미했다. 그러나 지금은 2~3년만 차이가 나도 대화가 안 통한다고 말한다. 사회문화적 상황이 급변하기 때문이다. CTS도 마찬가지다. 대치동 시대, 남산 시대를 겪으며 노량진 시대로 들어온 사람과 곧장 노량진 시대로 진입한 사람 사이에는 공유할 수 없는 그 무엇인가가 다. CTS의 파란만장한 역사를 몸으로 체험한 임직원과 머리로만 아는 직원들 사이의 차이일 것이다. 그러나 이들의 공통점은 모두 선교사와 같은 마음으로 일하고 있다는 것이다.

작은 예로 그 당시에는 주5일제 근무라는 것이 없었다. 주말까지 일했고, 심지어는 예배드리고 와서 또 일하는 사람들도 있었다. 그런데 한 직원의 경우, 남산 시절에 거의 밤 11시 12시에 집에 못 가서 차에서 자는 경우가 여러 번 있었다. 주차장에서 그걸 본 사람이 그 집에 전화해서 남편 잘 챙기라고 한 해프닝도 벌어졌다. 화장실에서 세수하고 출근하는 일이 비일비재했다. 그러다 보니 가족들도 나름 감수해야 하는 어려움이 있었을 것이다.

세 차례에 걸친 직원 모임에서 여러 가지 이야기가 나왔다. 그 과정에서 다수가 공감했던 말을 간추려 본다.

"우리가 이런 어려움을 이겨내고 오늘까지 왔다는 말을 하고 싶어도 '꼰대' 소리를 들을까 봐 말을 못합니다."

"오늘의 CTS가 있기까지 3번에 걸친 위기가 있었습니다. 첫째 위기는 CTS가 부도난 것이고, 두 번째 위기는 성결회관에서 강제 퇴거당한 것이며, 세 번째 위기는 C 목사의 고발 사건입니다."

"참 어렵게 입주하고 오늘까지 왔는데, 지금은 너무 안주하는 것 같습니다. 지금은 귀족화되었다고나 할까요?"

"CTS의 역사를 직접 목격한 사람들의 이야기를 책으로나마 전해야 하지 않을까요? 그래야 나중에 들어오는 후배들은 무엇이 진짜이고 가짜인지 구별할 수 있을 테니 말입니다."

"감경철 회장은 지금 22년째 CTS의 경영을 이끌어 왔습니다. 이 일은 건강이 허락하는 한 계속될 겁니다. 그분은 무한한 아이디어와 비전을 품고 있습니다. 우리가 미처 생각도 못하는 비전을 늘 제시합니다.

그러면 우리가 그걸 의논하고, 법적으로 뒷받침해서 국내외에서 실현을 할 수 있도록 돕습니다."

"CTS는 영업해서 돈을 버는 기관이 아닙니다. 한국 교회와 성도들의 눈물 어린 헌금으로 운영되는 곳입니다. 그분들이 CTS를 위해서 밤낮으로 기도합니다. 그런 분들이 있기에 오늘날의 CTS가 있는 거예요. 회장을 정점으로 한 임직원들, 또 한국 교회의 모든 성도 그리고 이 회사를 법률적으로 뒷받침하고 있는 이사들과 주주총회 회원들이 모두 하나로 묶일 때 CTS의 내일은 더 밝아질 겁니다. 그리고 더 영향력 있는 방송으로 사회에 기여하고, 세계에 기여하는 그런 방식으로 발전할 거라고 저희는 아주 조금도 의심하지 않고 믿고 있습니다."

"기독교가 들어온 지 130년이 지났고, 외형적으로 기독교는 굉장히 발전했습니다. 천만 크리스천이라는 말을 하지만 의식은 크게 변한 것이 없어요, 이 점이 참 안타깝고 가슴이 아파요. 의식이 없다면 불신자와 다른 것이 뭐가 있겠어요? 그냥 주일날 교회 가서 예배드리는 것밖에 없잖아요. 그래서 우리 기독교 문화를 확산해서 의식을 좀 바꾸는 일을 해야 합니다. 그래야 소위 기독교인이라면 넌크리스천(non-Christian)이 볼 때 뭔가 다른 게 있어야지요. 믿음의 선조들이 했던 역할을 CTS 미래 방송에서도 해야 하지 않겠느냐…."

"사물의 가치를 판단할 때, 정량적(定量的) 평가와 정성적(定性的) 평가가 있습니다. 정량적 평가는 회사로 말하면 자산입니다. 정성적 평가는 그 기관이 사회에 끼치는 영향력에 대한 평가입니다. 현재 우리 회사의 자산이 570억 원을 좀 넘습니다. 570억 원이라는 자산은 곧 정량적 평가에 의한 것입니다. 반면에 정성적 평가는 우리 방송국이 많은 사람에게 선한 영향력을 끼치고 복음을 전하고 있다는 것입니다. CTS를 통해 끼쳐지는 하나님의 사역, 문화 사업을 통한 한국 사회의 변화, 어려운 사람을 도와주는 선한 사마리아인 사역, 열방에 복음을 전하는 세계 선교사역, 이런 것은 돈으로 못 따집니다. 그러므로 한국 교회와 특별히 이곳에서 일하시는 임직원들은 CTS에 대한 긍지함께 CTS를 섬기려는 사명감을 가지셔야 합니다."(최희범 목사, 법인이사)

"한국 교회가 사실은 어떤 일을 하려 할 때마다 분열되고, 갈라져 있었잖아요? 그런데 우리 CTS를 통해서 하나 되게 됐죠."(박광식 장로, 법인이사)

"우리가 가지고 있는 무형재산은 숫자로 표기하기 어려운 것이니까. 하나의 생명이 천하보다 귀다는 것, 우리 CTS가 세계를 품고 일하는 방송이라는 것, 감 회장이 있다는 것, 이보다 더 귀한 게 어디 있겠어요. 국가에서도 저출생 때문에 고민하지만, 우리 감 회장은 얼마나 고민을 많이 하는지. 저출생으로 주일학교가 죽어가니까, 작은 교회에서라도 대안학교를 만들어서, 신앙 교육도 하고, 국가적 자원도 키우고 하겠다는 감 회장의 의지도 뭐 따지고 보면 무한대의 무형재산이지." (우원근 목사, 법인이사)

"한국 교회에서 출범 당시의 연합 정신을 지금까지도 그대로 이렇게 이어올 수 있었던 것은 그 중심에 감경철 회장님이 계셨기에 가능했으며, 이 모든 역사를 되짚어 보건대 CTS가 한국 교회 연합 영상 선교를 자연스럽게 대변해 왔다고 자부합니다."

미팅에 참석한 이사님들의 공통적 의견은 오늘의 CTS에 대한 긍지와 감사로 집약되었다. 특히 감경철 회장의 헌신과 노고를 잊을 수 없다며 그가 이룬 CTS의 외형적 성장과 알찬 내면적 완성에 대하여 감사를 표했다. 그리고 그의 사역의 결실은 한국 교회 역사에 아름답게 자랑스럽게 남을 것을 확신한다고 말한다.

이 책을 통해 CTS의 역사를 바로 알고, 내일을 설계하는 데 도움이 되기를 기도합니다. 송영우 장로의 모임 기도로 이 책도 마무리합니다.

"20여 년 이상을 헌신하시고 자신을 돌아보지 아니하셨던 감경철 회장님에 관한 중요한 사례들을 정리하고자 이곳에 모였습니다. 저희 마음속에 성령이 함께 하사, 이 자리가 CTS의 역사를 바로 알고 앞으로 나아갈 길을 논의하는 자리가 되게 하여 주소서. 또한 각 사람의 마음속에 지혜의 영이 함께 하사, 옛날 일을 되돌아볼 때에 기억력을 일깨워 주소서. 그리고 새로운 마음으로 미래를 준비하게 하소서."

역사편찬위원 명단

회고록 역사편찬위원 참석자(직위 생략)

강명준 강재구 기정서 김덕원 김명관

김민태 김성연 박성진 송영우 이제선

정준영 정현주 조종윤 최현탁 허명환

황우중

기록 : 장현상 홍규화